# Geschichte und Geschehen

## Die Französische Revolution und die napoleonische Herrschaft

Autoren:
Dr. Wolfgang Geiger (Frankfurt/M.)
Regina Wölling (Kassel)
Christine Rehberg-Credé (Schwerin)

Ernst Klett Schulbuchverlage
Stuttgart · Leipzig

## Bildnachweis

**6 (Seite). 1 (Material):** Bridgeman Art Library, London; **7.2:** aus: Kurt Holzapfel (Hrsg.): Die Große Französische Revolution 1789–1795, Illustrierte Geschichte. Dietz-Verlag, Berlin 1989, S. 50; **8.3, 9.4, 10.5, 13.9, 13.10, 14.11 und 15.12:** AKG, Berlin; **17.13:** ullstein bild, Berlin; **18.14:** Corbis (Corbis/Bettmann), Düsseldorf; **21.17:** AKG, Berlin; **26.26:** ullstein bild (Viollet/Archives nationales), Berlin; **28.30:** Bibliothèque nationale de France, Paris; **34.41:** aus: Makov, Soboul; 1789 – Die Große Revolution der Franzosen, Pahl-Rugenstein 1989, Köln, S.127; **35.42 und 35.44:** Deutsche Jakobiner: Mainzer Republik und Cisrhenanen 1792–1798, Bd. 2; **40.1:** Corbis (Archivo Iconografico), Düsseldorf; **41.2, 43.5 und 44.6:** Interfoto, München; **46.8**: ullstein bild, Berlin; **47.9:** AKG, Berlin; **53.18, 54.19 und 54.20:** Interfoto, München; **55.21:** Corbis (Fine Art Photographic Library), Düsseldorf; **57.26:** Mary Evans Picture Library, London; **59.32:** Corbis (Gianni Dagli Orti), Düsseldorf; **60.34:** Interfoto, München; **60.35:** Westfälisches Landesmuseum für Kunst, Münster; **61.36:** Interfoto, München; **62.39:** AKG, Berlin; **64.42:** Corbis (Bettmann), Düsseldorf; **65.46:** BPK, Berlin; **67.49:** Corbis (Bettmann), Düsseldorf

Nicht in allen Fällen war es uns möglich, den Rechteinhaber der Abbildungen ausfindig zu machen. Berechtigte Ansprüche werden selbstverständlich im Rahmen der üblichen Vereinbarungen abgegolten.

1. Auflage 1 5 4 3 2 1 | 2010 2009 2008 2007 2006

Alle Drucke dieser Auflage sind unverändert und können im Unterricht nebeneinander verwendet werden. Die letzten Zahlen bezeichnen jeweils die Auflage und das Jahr des Druckes.


Internetadresse: www.klett.de

**Autoren:**
Dr. Wolfgang Geiger S. 5–40
Regina Wölling S. 41–48, 54–68
Christine Rehberg-Credé S. 49–53

**Redaktion:** Dr. Björn Opfer
**Herstellung:** Krystyna Müller

**Reproduktion:** Meyle + Müller, Medien-Management, Pforzheim
**Kartenbearbeitung:** Ingenieurbüro für Kartografie Joachim Zwick, Gießen
Kartografische Büro Borleis & Weis, Leipzig
**Umschlagbild:** Napoleon vor dem deutschen Kaiserthron, Historiengemälde von Henri Paul Motte.
© Corbis (Fine Art Photographic Library), Düsseldorf

**Druck:** Druckhaus Götz GmbH, Ludwigsburg
Printed in Germany

**ISBN-13:** 978-3-12-430041-6
**ISBN-10:** 3-12-430041-4

9 783124 300416

# Inhalt

# 1 Die Französische Revolution



## 1.1 Die Französische Revolution – eine Zäsur der Weltgeschichte

„Die Französische Revolution ist das bedeutendste Ereignis seit Christi Geburt" – diese Antwort eines anonym gebliebenen Franzosen auf eine Umfrage im Vorfeld der Feierlichkeiten zum Bicentenaire der Französischen Revolution 1989 lieferte nicht nur eine markante Einschätzung dieses Ereignisses im Rückblick, sondern vergegenwärtigte auch noch einmal jenes Selbstverständnis, mit dem die Revolutionäre selbst damals ein neues Zeitalter der Menschheitsgeschichte eröffneten: „Wir wollen nur von heute ab datieren!" brachte es der Abgeordnete Barère auf den Punkt. Alles Alte sollte vergangen und begraben sein, die neue Zeit auch durch einen neuen Kalender eingeläutet werden, als dessen Start die Nationalversammlung die Ausrufung der Republik zur Tag-und-Nacht-Gleiche am 21. September 1792 bestimmte.

Anders als die englische Revolution Mitte des 17. Jahrhunderts, in der sich das Parlament, damals noch Ständevertretung aber schon Keimzelle des modernen Parlamentarismus, mit militärischen Mitteln gegen den Anspruch des Königs auf absolute Macht durchsetzte, und anders als die amerikanische Revolution, die zwar die Grundlage der Menschenrechte und der Demokratie legte, aber nur außerhalb des Mutterlandes durch Lösung der Kolonialbande, stellte die Revolution in Frankreich einen gelungenen Aufstand gegen das Ancien Régime im Herzen Europas dar. Es gelang ihr zunächst die absolute Macht des Königs zu brechen und in den Rahmen eines Verfassungsstaates einzugrenzen sowie die ständische Ordnung der Gesellschaft aufzulösen, dann in einem zweiten Anlauf 1792/93 die Monarchie gänzlich abzuschaffen und den Anspruch einer uneingeschränkten Volkssouveränität durchzusetzen – die jedoch durch Krieg und Bürgerkrieg zunächst uneingelöst blieb.

Die Französische Revolution wurde durch ihren Charakter als Volksrevolution zum Modell für alle späteren Revolutionen, ja für die Möglichkeit von Revolution überhaupt. Lenin und die russischen Kommunisten nahmen sich in den französischen ▶ Jakobinern ein explizites Vorbild für die Eroberung der politischen Macht in Russland 1917/18.

Mit ihrer Entgleisung zur Jakobinerdiktatur, den revolutionären Kriegen und schließlich der Machtergreifung Napoleons, also im Widerspruch zwischen Anspruch und Verwirklichung ihrer Ziele wurde die Französische Revolution in allen positiven und negativen Aspekten zum Paradigma der Moderne schlechthin. Wie weit dürfen die Freiheiten, die die Revolution erkämpft hat, gehen? Sollen sie auch gelten für ihre Feinde? Oder darf die Revolution in Zeiten ihrer existenziellen Bedrohung die eigenen Grundlagen – Volkssouveränität, Demokratie, Freiheit – außer Kraft setzen? Darf, kann oder muss die Revolution ihre Werte auch durch Krieg schützen, mit Waffengewalt in andere Länder tragen und die dortige Bevölkerung zu „ihrem Glück zwingen"? Dient dann die Eroberung der Freiheitsmission oder die Freiheitsmission der Eroberung? Das sind Themen, die heute immer noch und immer wieder aktuell sind.

Das Studium der Französischen Revolution, ihrer Ursachen, ihres Verlaufs, ihrer Konflikte und ihres Ergebnisses für Frankreich und Europa ist also mehr noch als bei anderen Themen eine Untersuchung über die Grundlagen der Moderne, vor allem, wenn man die Französische Revolution als langfristige Umwälzung, Impuls und Paradigma für die weitere Geschichte begreift. 1989, zur Zweihundertjahrfeier, errangen die osteuropäischen Staaten ihre Freiheit unter Berufung auf die Werte der Menschenrechtserklärung von 1789 gegenüber einer kommunistischen Diktatur, die sich ihrerseits unter Berufung auf die Prinzipien der ▶ Jakobiner von 1793 begründet hatte.

## 1.2 Die Krise des Ancien Régime

Die drei Jahrzehnte vor der Revolution waren gekennzeichnet durch eine rapide zunehmende Staatsverschuldung, wirtschaftliche Probleme und entsprechende soziale Folgen, verschärft durch regionale Missernten, die schnell zu allgemeinen Preissteigerungen führten. 1763/64 wurde deswegen der Getreidehandel freigegeben, der den Austausch unter den Provinzen verbessern sollte. Unter der Bevölkerung verbreiteten sich jedoch Gerüchte über eine „Aushungerung" des Volkes durch eine dahinter steckende Geschäftemacherei. In den 70er Jahren kam es zu erneuten Unruhen, die unter der Bezeichnung „Mehlkrieg" in die Geschichte eingingen.

Die aufeinander folgenden Kriege Frankreichs seit Ludwig XIV. hatten dem Volk außerdem neue Steuerlasten aufgebürdet, zu denen der König in Kriegszeiten von Staats wegen berechtigt war. Aus den vorübergehenden wurden jedoch dauerhafte Steuern: so die zweite königliche Kopfsteuer (capitation), die 1695 zur bereits existierenden ▶ taille hinzukam und z. B. in Paris nach dem Tarif von 1773 ein Zehntel des (Miet-)Werts einer Wohnung ausmachte, ferner der vingtième („der Zwanzigste"), der 1749 explizit zum Abbau der Staatsschulden eingeführt wurde ohne diesen Zweck zu erfüllen. Die Zerrüttung der Staatsfinanzen steigerte sich durch den Siebenjährigen Krieg 1756–63 sowie durch die Beteiligung Frankreichs am amerikanischen Unabhängigkeitskrieg (Revanche gegenüber England für den Verlust Kanadas).

Schon 1770 hatte Abbé Terray, Contrôleur général des Finances, eine Steuerreform im Hinblick auf eine progressive Steuer auf Grundbesitz entworfen, die dem Staat mehr Geld und gleichzeitig eine gerechtere Steuerverteilung gebracht hätten. Sein Nachfolger ab 1774, der liberale Ökonom A.-R. Jacques Turgot, führte dieses Projekt weiter mit dem Ziel der Abschaffung alter Feudalrechte wie der Frondienste für den König und der Binnenzölle sowie der Auflösung der Handwerkszünfte – alles zur Entlastung der Bauern und zum Abbau von Handelshemmnissen. Diese Reform blieb jedoch im Ansatz stecken, zu viele Feinde machte sich Turgot, zumal er auch die verschwenderischen Ausgaben des Thrones reduzieren wollte. Turgot stand im Mittelpunkt eines Kreises von Ökonomen, die von den Ideen der Aufklärung durchdrungen und vom Prinzip der Freiheit in der Wirtschaft überzeugt waren. Einer von ihnen, Boncerf, publizierte im Februar 1776 ano-

1

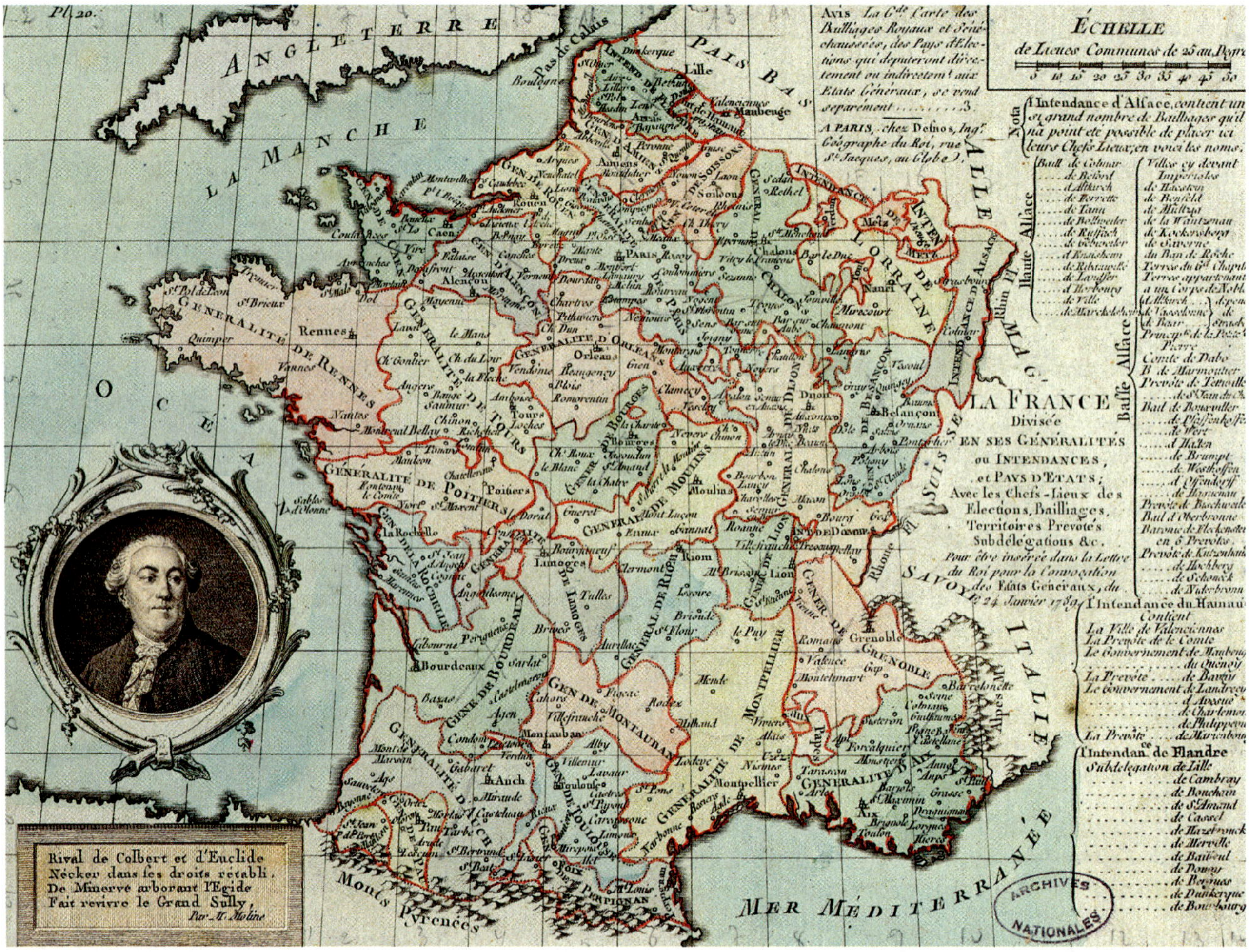


**1 Vom königlichen Geografen für die Einberufung der Generalstände angefertigte Karte Frankreichs mit den traditionellen Provinzen und königlichen Verwaltungseinheiten.** Links im Medaillon das Bild des Ministers Necker.

nym eine Kritik der Feudalrechte, die sofort vom Pariser Parlement (Gerichtshof) verboten und verbrannt wurde. Einige Monate später musste Turgot das Ministerium verlassen.

Doch auch Turgots Nachfolger, der protestantische Genfer Bankier deutscher Herkunft Jacques Necker (1776 - 1781 und dann wieder ab 1788), der Jurist Charles- Alexandre de Calonne (1781 - 1787) und der Bischof Etienne-Charles de Loménie de Brienne (1787 - 1788), sie alle bemühten sich zwangsläufig um Einsparungen in der königlichen Hofhaltung und um die Erschließung neuer Einnahmequellen. Auf einer 1787 einberufenen Notabelnversammlung stieß Calonnes Versuch einer Besteuerung des Adels auf dessen erbitterten Widerstand, zumal dieser jetzt seine Stunde gekommen sah, wieder an politischer Macht zu gewinnen. In diesem rückwärts gewandten Sinne wollte auch der Pariser Gerichtshof (Parlement de Paris), politisches Sprachrohr der Notabeln, einerseits die Macht des Königs einschränken, indem er sich sowohl auf traditionelle Rechte der Aristokratie als auch auf moderne Prinzipien der Aufklärung berief (Ständevertretung als Form der Gewaltenteilung). Er blockierte aber aus dem selben Grund auch sozial- und wirtschaftspolitische Reformen für mehr Freiheit.

## 1.3 Von der wirtschaftlichen zur politischen Krise

Nach dem Scheitern von Calonnes Versuch auf der Notabelnversammlung von 1787 Adel, Klerus und Noblesse de robe (geadelte Bürgerliche) von der notwendigen Reform zu überzeugen, unternahm Loménie de Brienne im Auftrag des Königs einen entgegengesetzten Ansatz, nämlich eine gewisse Demokratisierung der politischen Institutionen von der Basis her, auf kommunaler Ebene durch die Wahl von Vertretern des Dritten Standes, also des Volkes, in den ländlichen Gemeinden (in den Städten gab es bereits Selbstverwaltungsstrukturen) und die Schaffung von Ständeversammlungen auf regionaler Ebene. Vorgesehen war hier sogar bereits die Erhöhung der Zahl der Vertreter des Dritten Standes von einem Drittel auf die Hälfte aller Mitglieder - so viel wie Klerus und Adel zusammen -, was später eine Forderung des Dritten Standes wurde.

Sowohl die Rückbesinnung auf die alten ständischen Rechte, die in zwei Jahrhunderten Absolutismus unterdrückt worden waren, als auch der Versuch von Seiten der Regierung den Widerstand gegen die Reformen zu spalten, führten zur Einberufung von Ständeversammlungen in mehreren Provinzen - in jenen pays d'états, die ein altes Ständerecht bewahrt hatten und dies nun einforderten, aber auch in einigen anderen, die direkt dem König unterstanden (sogenannte pays d'élection). Die Versammlung von Vizille (Dauphiné) forderte am 21. Juli 1788 Generalstände (Etats généraux) für ganz Frankreich. Daraufhin verkündete der König am 8. August 1788 die Einberufung der Generalstände für den 1. Mai 1789 in Versailles. Damit sollte das Volk zum ersten Mal wieder seit 1614 vom König konsultiert werden und zwar nach den Regeln ständischer Vertretung. Dies geschah am 8. August 1788; bereits acht Tage später sah der hellsichtige Graf Mirabeau, Kritiker seines eigenen Standes und deswegen später in der Provence zum Abgeordneten des Dritten Standes für Versailles gewählt, die weitere Entwicklung voraus.

Die Provinzialstände stellten die Weichen für die weitere Entwicklung: So setzte der Dritte Stand auf der Versammlung in Vizille durch, dass er mehr Vertreter stellen durfte (276) als die beiden anderen Stände zusammen: Klerus (50) und Adel (165); die Vertreter des Dritten Standes kamen jedoch ausschließlich aus der bürgerlichen Oberschicht der Städte, die Bauern waren nicht vertreten. Im Winter 1788/89 kam es dann bei den Provinzialständen der Bretagne in Rennes zu einer radikalen Konfrontation zwischen einem übermächtigen, unnachgiebigen Adel und dem Dritten Stand bis hin zu gewalttätigen Zusammenstößen auf der Straße. Die beiden Alternativen der weiteren politischen Entwicklung – Verhandlung und Kompromiss oder revolutionäre Machtprobe – zeichneten sich bereits für die Zukunft ab. Die bretonischen Abgeordneten des Dritten Standes kamen nach Versailles mit dem Selbstverständnis einer revolutionären Avantgarde und gründeten als Vorform einer politischen Partei den Bretonischen Club, aus dem nach dem Umzug der Nationalversammlung nach Paris der ▶ Jakobinerclub wurde.

Die Ständewahlen reaktualisierten eine mittelalterliche Dreiteilung der Gesellschaft, die 1789 weder mit der sozialen Wirklichkeit noch mit den politischen Interessen übereinstimmte. Klerus und Adel, die beiden ersten Stände, waren die „Privilegierten": ein Begriff, der in jener Zeit seine bis heute gültige kritische, moralisch abwertende Bedeutung erhielt; alle anderen Schichten der Bevölkerung waren im Dritten Stand zusammengefasst.

Der Klerus als Erster Stand umfasste ca. 120 000 Personen, unter denen sich Bischöfe adliger Herkunft mit einem persönlichen Einkommen von 400 000 Livres jährlich ebenso befanden wie ca. 25 000 Mönche und Nonnen sowie die Masse der 50 000 Priester, von denen die meisten als Dorfpfarrer von der portion congrue, dem „Überbleibsel" vom Kirchenzehnten ihrer Gemeinde lebten – 1786 700 Livres für Pfarrer, jedoch nur 300 Livres für die Vikare, von denen nicht wenige angesichts eines eklatanten Nachwuchsmangels stellvertretend Pfarreien leiteten. Manche Bischofssitze waren durch königliche Gunst quasi in den erblichen Besitz adliger Familien übergegangen, andere Ämter zu reinen Einnahmequellen geworden, die man deswegen sinécures (lat. sine cure = ohne Sorge) nannte (deutsch: Pfründe).

Den Zweiten Stand bildete der Adel, dessen Standesgrenzen seit Jahrhunderten durch den Amtsadel (noblesse de robe), also geadelte Bürgerliche (meistens Juristen), unscharf geworden waren und der schließlich durch

**2 „Das Defizit." Karikatur von 1788.** Ludwig XVI. fragt seinen Finanzminister Necker nach dem Verbleib des Geldes, dieser antwortet, dass er es hier gelassen habe. Die beiden Personen links sagen soviel wie: „Ich hab' mein's" und „... ich den Rest."

**3 Die drei Stände in einer Karikatur von 1789.**
Aus den Taschen des Geistlichen und des Adligen hängen Zettel mit den Aufschriften ihrer Priviligien und Einnahmequellen.

die Pflicht zum Nachweis von mindestens vier Generationen und hundert Jahren Zugehörigkeit der Familie zum Adel auf ca. 350 000 Personen eingegrenzt wurde. Doch ebenso wie im Klerus gab es auch im Erbadel große soziale Unterschiede infolge der Verarmung des Kleinadels. 4 000 Adligen des Hofes, die stets auf öffentliche Ämter und Pfründe spekulierten und ihre grundherrschaftlichen Rechte zum Teil an reiche Bürger verkauft oder verpachtet hatten, stand der kleine Landadel gegenüber, der von der eigenen Landwirtschaft und den grundherrschaftlichen Einkünften lebte. In den königlichen Steuerlisten – auch Adel und Klerus mussten, im Gegensatz zur landläufigen Meinung, staatliche Steuern entrichten, allerdings traf sie das viel weniger als die Masse der Bevölkerung – waren Adlige in der Hierarchie der Steuerklassen bis zur 9. Stufe nach unten vertreten, die der Ebene der städtischen Handwerker entsprach. Während die einen, wie die bretonischen Adligen, nostalgisch von einer für sie glorreichen Vergangenheit träumten, erkannten andere, dass eine bessere Zukunft für alle in der Überwindung dieser alten Ordnung lag.
Am heterogensten zusammengesetzt war die Masse der im Dritten Stand (Tiers Etat) zusammengefassten Bevölkerung von ca. 28 Millionen Menschen. Von der Großbourgeoisie über die Handwerker in den Städten, Manufakturarbeitern, bürgerlichen Landbesitzern bis zu den Kleinbauern und besitzlosen Tagelöhnern in Stadt und Land gehörten alle zum Dritten Stand. Ebenso unterschiedlich waren daher die Interessen zwischen Reich und Arm, Stadt und Land innerhalb des Dritten Standes. An der Wahl zu den Generalständen teilnehmen durfte jedoch jeder männliche Franzose über 25, der mindestens 6 Livres Steuer pro Jahr zahlte, ausgeschlossen waren damit nur die allerärmsten Schichten sowie grundsätzlich die Frauen.
Die mit der Vorbereitung des Wahlaktes verbundene Abfassung der Beschwerdehefte stellt die umfassendste und intensivste Volksbefragung der Geschichte dar. Da die Wahl der Abgeordneten des Tiers Etat nur indirekt erfolgte – Urwählerversammlungen wählten Wahlmänner, diese wiederum die eigentlichen Abgeordneten –, sollten die Beschwerdehefte den Willen der Wählerbasis an die gewählten Abgeordneten vermitteln. Dazu wurden auch die Einzelhefte nach Wahlbezirken auf dem Lande und nach Zünften in der Stadt inhaltlich zusammengefasst. Naturgemäß waren die Beschwerden nach den örtlichen Gegebenheiten höchst unterschiedlich und gingen von Beschwerden über die Grundherrschaft, lokale Probleme, zu hohe Preise für Lebensmittel usw., bis zu ausformulierten politischen Forderungen. So kamen im Beschwerdeheft von Paris die politischen Vorstellungen des Pariser Bürgertums und der Philosophie der Aufklärung zum Ausdruck, inklusive eines bereits ausgearbeiteten Verfassungsentwurfs. Als repräsentativ für die Provinz kann das Beschwerdeheft des Gerichtsbezirks (bailliage) von Metz gelten, in dem das angrenzende, heute zum Saarland gehörende Gebiet von Saarlouis einbezogen war. Die Beschwerdehefte dokumentierten jedoch auch widersprüchliche Interessen: einerseits Bewahrung alter Traditionen, zum Beispiel beim kommunalen Gemeinde-

land (Allmende) oder den alten Freiheiten der Provinzen – andererseits Überwindung derselben im Hinblick auf eine bürgerlich-liberale Gesellschafts- und Wirtschaftsordnung, daher auf der einen Seite eher föderalistische Vorstellungen von einer neuen Verfassung, auf der anderen Forderungen nach einer Vereinheitlichung Frankreichs (Abschaffung der Binnenzölle, einheitliches Maßsystem) im Sinne einer umfassenden Gleichheit, und die Übertragung der gesamten Macht auf die nationale Volksvertretung.
Der Einfluss von gebildeten Persönlichkeiten und Juristen aus der Stadt auf die Abfassung der Beschwerdehefte und den Wahlvorgang auf dem Land beeinflusste die weitere Entwicklung im Sinne des städtischen Bürgertums. So schaffte es nur eine Handvoll besser gestellter Bauern, als Abgeordnete des Tiers nach Versailles zu gehen. Es wirkten jedoch über 4 Millionen Franzosen an der Abfassung der Beschwerdehefte mit und wurden dadurch im eigentlichen Sinne politisiert. Die Tatsache, dass der König das Volk befragte, wirkte sich zunächst auch positiv für dessen Ansehen aus. Erst die wochenlangen Auseinandersetzungen nach der Eröffnung der Generalstände brachten einen Schwenk in der Entwicklung und lösten die Revolution im eigentlichen Sinne aus.

## 1.4 Von der Stände- zur Nationalversammlung

Bei diesen Auseinandersetzungen ging es um die Forderung des Tiers Etat nach Abschaffung des Ständeprinzips bei den Abstimmungen (kollektives Votum jedes Standes) und um eine „Abstimmung nach Köpfen", also um individuelles Stimmrecht für alle Abgeordneten. Einige Kleriker, wie die beiden berühmten Geistlichen Abbé Sieyes und Abbé Grégoire, standen auf der Seite des Tiers Etat: Sieyes bereits als gewählter Abgeordneter des Tiers Etat, Grégoire als Abgeordneter des 1. Standes. Am 17. Juni erklärten sich die Abgeordneten des Dritten Standes unter Führung von Sieyes zur Nationalversammlung. Am 19. schloss sich dem die Mehrheit des Klerus (149 gegen 137) an, während der Adel den König zum Widerstand aufrief. Am 20. Juni versammelten sich deswegen die Abgeordneten der selbst ernannten Nationalversammlung im Ballhaus von Versailles – es handelte sich dabei um eine Tennishalle – zum Ballhausschwur. Der König erklärte die Beschlüsse für nichtig und gab am 26. Juni Befehl zur Zusammenziehung von Truppen um Versailles und Paris. Vermittlungsversuche des Ministers Necker blieben erfolglos, am 11. Juli wurde er vom König entlassen, was in Paris wie auch in ganz Frankreich als Signal zum Machtkampf zwischen König und Volk verstanden wurde. Ende Juni bereits bildeten die 407 Stadtteildelegierten von Paris, die die Abgeordneten gewählt hatten, einen revolutionären Stadtrat, der die Macht übernahm und nun am 13. Juli die Aufstellung einer Bürgermiliz anordnete. Munitionsdepots wurden geplündert und ein Zug revolutionärer Bürger zog zur Bastille – königliches Gefängnis, Symbol des Absolutismus und Munitionslager. Ab 10 Uhr wurden Verhandlungen mit dem Kommandanten der Bastille, de Launay, geführt, die ergebnislos abgebrochen wurden und am Nachmittag zum Einsatz von Schusswaffen führ-

**4 Der Ballhausschwur.** Unvollendetes Gemälde von Jacques-Louis David. In der Mitte in erhöhter Position verliest der Vorsitzende Bailly die Eidesformel; die Gruppe davor (Ausschnitt 1) zeigt drei Geistliche: links den liberalen Abbé Grégoire, in der Mitte den Mönch Dom Gerle, rechts den protestantischen Pfarrer Rabaud Saint-Etienne. Auf der rechten Bildseite sticht der bretonische Bauer Michel Gérard heraus (Ausschnitt 2, in der Mitte). Ganz rechts der einzige, der den Schwur verweigert.

ten. Unter dem Eindruck der herangebrachten Kanonen kapitulierte de Launay und wurde Opfer der Lynchjustiz durch die aufgebrachte Menge, ebenso wie kurze Zeit später der Vorsitzende der Pariser Kaufmannsgilde, Flesselles, dem man Spekulation mit Lebensmitteln vorwarf. Ihre Köpfe wurden als Trophäen auf Lanzen gespießt und durch die Stadt getragen.
Am Tag darauf zog der König seine Truppen vor den Toren von Paris zurück und beugte sich der Nationalversammlung. Am 17. steckte er sich im Pariser Rathaus die revolutionäre Cocarde ans Revers, deren Farben blau-weiß-rot aus denen der Monarchie und der Stadt Paris zusammengesetzt sind und zur Nationalfahne Frankreichs wurden. Die Zeichen standen auf Versöhnung: Noch wurde die Pariser Commune von den gebildeten und begüterten Schichten des Bürgertums geführt, noch wünschte sich die Mehrheit der Nationalversammlung eine konstitutionelle Monarchie. Etliche Adlige hatten sich noch der Nationalversammlung angeschlossen, darunter der Marquis de Lafayette, der auf amerikanischer Seite als Offizier im Unabhängigkeitskrieg teilgenommen hatte und innerhalb des Adels für den Verfassungsstaat eingetreten war. Er wurde dann auch Kommandant der Nationalgarde. Insgesamt trat knapp die Hälfte der Abgeordneten des Ersten und Zweiten Standes der Nationalversammlung bei. Die anderen Adligen verließen Versailles und bereiteten bereits die Emigration vor, die sich im Laufe der nächsten Monate und Jahre u.a. in Koblenz und Mainz sammelte – in der Hoffnung, die Entwicklung in Frankreich mit Hilfe des Auslandes noch einmal ändern zu können.
Nach Bekanntwerden der Nachricht von der Entlassung Neckers reagierten die Patrioten, wie sich die Befürworter eines neuen Frankreichs nannten, in der Provinz von sich aus mit der Bildung von bewaffneten Bürgermilizen zur Übernahme der Macht vor Ort. Die Nachricht vom Bastillesturm kam in den entfernteren Regionen oft erst an, nachdem dort bereits die örtlichen „Bastillen" gestürmt worden waren. Die Revolution in den Städten (révolution municipale) war in den meisten Fällen somit keine Nachahmung des Pariser Vorbilds, sondern ein paralleler Vorgang. In einigen Städten im Süden war die révolution municipale schon zuvor vollzogen worden, in Marseille bereits im März.
Auch auf dem Lande brachen Unruhen aus, die, unter dem Begriff „die Große Furcht" (la Grande Peur) zusammengefasst, eine Folge der Juliereignisse waren, nämlich aus Angst vor einem Gegenschlag des Adels. Doch in weiten Regionen war es schon zuvor zu Aufständen gegen adlige Grundherren wie auch zu Auseinandersetzungen um Verteilung und Preisfestsetzung der Lebensmittel gekommen. Insgesamt wurden 300 einzelne Aufstände registriert. Die Revolution auf dem Lande folgte ihrer eigenen Logik und erwartete nach dem Sieg der Nationalversammlung über den König die Erfüllung ihrer Hoffnungen, die im Zuge der Radikalisierung inzwischen weit über die Beschwerdehefte hinausgingen. Damals schon, betont der Historiker Georges Lefebvre, berichtete der Gerichtsvertreter des Königs im Bezirk Saumur, „dass die Wahlversammlungen in den Landgemeinden glaubten, sie seien mit souveräner Macht ausgestattet und dass die Bauern meinten, sei seien fortan von der Leistung der Herrenabgaben frei." In der Südhälfte Frankreichs, wo nach alter römischer Tradition das geschriebene Recht galt, stürmten Bauern die Schlösser ihrer Grundherren und verbrannten die herrschaftlichen Urkunden, in denen ihre Pflichten festgelegt waren.

**5 Sturm auf die Bastille.** Unbekannter Künstler, Musée Carnavalet.

## Methode: Erstellen von Übersichten, Tabellen und Schaubildern

### 1. Voraussetzungen der Revolution

**Material 6:**
1. Schritt: Ordnen Sie die Angaben nach Rubriken jeweils in einer tabellarischen Übersicht.
2. Schritt: Wandeln Sie die numerischen Angaben in Prozentanteile um. Benutzen Sie hierfür ein Computerprogramm.
3. Schritt: Erstellen Sie mit Hilfe des Computerprogramms Schaubilder ausgehend von den Tabellen in Prozentangaben.

**Material 7:**
1. Schritt: Wählen Sie analog zur Vorgehensweise bei Quelle 7 die Daten aus, die sinnvoll in einer tabellarischen Übersicht gegenüber gestellt werden können und erstellen Sie die Tabelle.
2. Schritt: Wandeln Sie ebenfalls die numerischen Daten in Prozentangaben um.
3. Schritt: Erstellen Sie ein Schaubild.

### 6 Soziologische Analyse der städtischen Bevölkerung anhand der Heiratsunterlagen am Beispiel von Toulouse 1785.

*Toulouse war mit 50–60 000 Einwohnern repräsentativ für die großen Provinzstädte jener Zeit. Von den 367 in jenem Jahr geschlossenen Eheverträgen sind 345 erhalten geblieben.*

Eine Studie der Mitgiften der neu Vermählten von 1785 zeigt, dass die fünf neu vermählten Adligen [...] zusammen über ein Vermögen von 86 050 Livres verfügten, das heißt über ein Viertel der Summe aller verbuchten Mitgiften in den Verträgen von 1785. [...]

Die Großbourgeoisie, aus Juristen und Großhändlern bestehend, hat 42 Verträge geliefert, [...] aber repräsentiert die Hälfte der Summe aller Mitgiften (167 650 Livres). [...] Die 290 anderen Verträge [...] bringen nur ein Viertel des Gesamtvermögens auf (62 549 Livres). [...] Eine aufmerksamere Betrachtung erlaubt, Nuancen in dieser Volksmasse herauszulesen. Unter den 290 Verträgen wurden 205 von Kleinbürgern und Handwerken geschlossen [...], die nicht mittellos waren, denn die Summe ihrer Mitgiften betrug 59 030 Livres. Dagegen bringen es 85 Verträge zwischen Domestiken, Landarbeitern, ungelernten Arbeitern zusammen nur auf 3 519 Livres. [...]

Eine genauere Untersuchung der Bevölkerungszusammensetzung zeigt jedoch, dass die verschiedenen sozioprofessionellen Kategorien nicht so klar voneinander getrennt sind, wie man vermuten könnte. Wenn einige Kaufleute oder Handwerksmeister Mitgiften bekommen, die 10 000 Livres erreichen, so erreichen zwei Gesellen analoge Mitgiften.

Wenn man sich aufgrund der Heiraten von 1785 Aufschluss über die Verteilung der Bevölkerung nach verschiedenen sozioprofessionellen Aktivitäten verschaffen will, kommt man zu folgenden Ergebnissen: die Tuchhändler und Gewandschneider kommen an der Spitze und bilden 12% von allen, gefolgt von den Berufen des Baugewerbes (10%), den Domestiken (10%), den Tagelöhnern (10%), den Berufen aus der Nahrungsmittelbranche (7%), den kleinen Angestellten der königlichen Verwaltung (6%), dann den Juristen, den Berufen des Transportgewerbes, den Ärzten und Apothekern, Juwelieren und Goldschmieden.

Eine Studie der Berufe der Eltern zeigt, dass wir nicht einer versteinerten Gesellschaft gegenüber stehen, die aus abgeschlossenen Kasten bestünde. Außer im Adel, wo bürgerliche Ursprünge rar sind aber trotzdem vorkommen, stellt man fest, dass die neu vermählten Männer von 1785 im Schnitt in jedem dritten Fall Väter mit anderen Berufen haben und zwar im Allgemeinen in einer sozioprofessionell wirtschaftlich niedrigeren Gruppe. So sind 32% der Großbourgeoisie aus kleinen Händlern hervorgegangen oder sogar aus Perrückenmachern, Großgärtnern, Maurern. Im Falle der Handwerksgesellen übt einer von zweien einen anderen Beruf aus als sein Vater. Die Domestiken schließlich sind zu zwei Dritteln Kinder von Bauern.

Die soziale Gruppe, aus der man sich die Frau wählt, ist ebenfalls charakteristisch. 80% der Adligen nehmen sich eine Adlige zur Frau, 63% der Bourgeoisie heiraten Mädchen aus derselben Kategorie. Aber 35% der Händler heiraten Mädchen von Handwerkern oder Bauern. Die Kinder der Kleinbourgeoisie heiraten nur zu 6% eine Tochter aus sozial höherer Kategorie, aber in 25% der Fälle eine Frau aus einer wirtschaftlich schwächeren Gruppe. Einige Gesellen und kleine Handwerker heiraten bürgerliche Frauen. Ein Drittel der Domestiken heiratet unter sich.

Nach verschiedenen Untersuchungen zusammengestellt in: Jacques Godechot, La prise de la Bastille. 14 juillet 1789, Gallimard 1965, folio 1989, S. 78–81. Übersetzt von W. Geiger.

### 7 Die Staatsfinanzen am Vorabend der Revolution. Bilanz der historischen Forschung

Obwohl ein ordentliches Budget unbekannt und die Buchführung lückenhaft war, erteilt ein Dokument Auskunft über die Situation: der Rechenschaftsbericht des Fiskus für 1788, erster und letzter, wiewohl unvollständiger Staatshaushalt der Monarchie. Danach betrugen die Ausgaben 629 und die Einnahmen 503 Millionen Livres; zur Schließung der Lücke waren Anleihen in Höhe von 136 Millionen vorgesehen. Die Zivilausgaben betrugen 145 Millionen, wovon für Schulwesen und Sozialbeihilfen ganze 12, für die Hofhaltung – nach vorgenommenen Kürzungen – und die Privilegierten 36. Krieg, Marine und Diplomatie verschlangen 165 Millionen, wobei 12 000 Offiziere allein mehr kosteten als alle Mannschaften zusammen, und der Schuldendienst gar 318 Millionen. Im Etat für 1789 betrugen die Vorschüsse auf die Einnahmen 325 Millionen; die „Notbehelfe" machten also 62 v. H. aller Eingänge aus.

Das Übel hatte vielfältige Ursachen. Die Zeitgenossen unterstrichen den Aufwand und die Verschleuderung bei Hofe: 1780 hatte der König fast 14 Millionen seinem Bruder, dem Grafen der Provence, geschenkt, und mehr noch dem jüngsten, Graf d'Artois, der trotzdem zu Beginn der Revolution 16 Millionen Schulden eingestehen musste. Vor allem aber fraß die Staatsschuld die königlichen Finanzen auf. Die auf zwei Milliarden geschätzten Kriegskosten verdoppelten sie annähernd, und Calonne fügte in drei Friedensjahren 653 Millionen hinzu; 1789 überstieg sie bei 2,5 Milliarden Bargeldumlauf die Fünf-Milliarden-Grenze. In den 15 Regierungsjahren Ludwigs XVI. hatte sie sich nicht weniger als verdreifacht.

Zit. nach: Walter Markov/Albert Soboul, 1789 – Die Große Revolution der Franzosen, Köln 1989, S. 47

1

## 1.5 Der Weg zur konstitutionellen Monarchie

Die Nationalversammlung hatte sich zur verfassungsgebenden Nationalversammlung (Assemblée nationale constituante) erklärt. In der Nachtsitzung vom 4. zum 5. August überstürzten sich die Redner mit Forderungen nach Abschaffung der alten Feudalrechte. Etliche adlige Abgeordnete erklärten feierlich den Verzicht auf ihre Privilegien. Beschlossen wurde schließlich die Abschaffung aller Formen der Leibeigenschaft, des Frondienstes und der grundherrlichen Privilegien (Jagdrecht usw.), der grundherrlichen Gerichtsbarkeit und weiterer Adelsprivilegien (Steuerfreiheit, öffentliche Ämter, Offizierslaufbahn usw.). Vor der Abschaffung der grundherrlichen Rechte auf den Grund und Boden, also die Abgabenpflicht der Bauern, zögerten die Abgeordneten jedoch und beschlossen stattdessen die Ablösbarkeit, d.h. die Möglichkeit des Freikaufs von dieser Pflicht. Als in der darauf folgenden Woche die Details verhandelt wurden, rückte man von der entschädigungslosen Abschaffung der Frondienste wieder ab und beschloss auch hier die Ablösbarkeit. Nur der Kirchenzehnt wurde ersatzlos gestrichen, erster Schritt zur Integration der Kirche in den Staat, die in den darauf folgenden Monaten vollzogen wurde. Die Ablösung von den Feudallasten blieb ungeklärt bis zum Gesetz vom 15. Mai 1790, das die Modalitäten festlegte: danach betrug der Preis der Ablösung das Zwanzigfache der Abgaben eines Jahres im Falle von Geldzahlungen, das Fünfundzwanzigfache im Falle von Naturalleistungen. Aufgehoben wurden dagegen die Zünfte und damit Handwerk und Handel auf die Grundlage einer freien Marktwirtschaft gestellt. Mit dem Gesetz vom 14.6.1791 verbot man jedoch auch jede neue berufsständische Organisation und damit auch die Bildung von Gewerkschaften sowie Arbeitskämpfe, wie sie in einigen Bereichen der entstehenden Industrie bereits zustande gekommen waren.

Schließlich wurden auch die alten Provinzen mit ihren Sonderstatuten, die in den Beschwerdeheften noch eingeklagt worden waren, aufgehoben; eine Kommission erarbeitete eine rationelle Einteilung in Départements, die die regionalen Identitäten auslöschen und stattdessen einer Verwaltungslogik folgen sollten. Der damit verbundene politische Zentralismus ist bis heute nicht nur ein ständiges Thema der französischen Politik, sondern etablierte generell ein Modell des Nationalstaats.

Am 26. August 1789 wurde die Erklärung der Menschen- und Bürgerrechte beschlossen, die nach der langen Tradition einzelner Grundrechte in England und dem Grundsatz der Menschenrechte in der amerikanischen Unabhängigkeitserklärung den ersten umfassenden Menschenrechtskatalog darstellt. Doch mit der Auflösung der Stände wurden noch nicht alle Menschen zu gleichen Staatsbürgern (citoyens) – für wen galten die Bürgerrechte?

Für die seit der Aufhebung des Edikts von Nantes durch Ludwig XIV. 1685 unterdrückten Protestanten – diejenigen, die in Frankreich geblieben waren – war schon seit 1787 ein Prozess der Emanzipation in Gang gekommen, bei den Wahlen zu den Generalständen waren sie gleichberechtigt. Die Nationalversammlung gestand ihnen außer der Religionsfreiheit ein Entschädigungsrecht für seit 1685 im Zuge der Verfolgung erlittene Enteignungen von Besitz zu.

Anders war es zunächst bei der Frage nach der Emanzipation der Juden. Es gab in Frankreich zwei verschiedene Gruppen jüdischer Einwohner, die einen unterschiedlichen Status hatten und auch während der Revolution zunächst unterschiedlich behandelt wurden: Zum einen einige jüdische Gemeinden im Süden, die nach den Vertreibungen im 14. Jahrhundert zum Teil unter päpstlichem Schutz in Avignon gelebt und nach und nach wieder zurückgekehrt waren, sowie später eingewanderte Juden spanischer und portugiesischer Herkunft; auch sie profitierten von einem schrittweisen Emanzipationsprozess seit 1787, für den sich spätere Revolutionäre wie Mirabeau, Abbé Grégoire oder der Philosoph Malesherbes eingesetzt hatten. Sie galten bei den Wahlen zu den Generalständen als Franzosen und waren wahlberechtigt – anders die Juden im Elsass, die unter dem örtlichen Recht deutscher Tradition noch weitgehend unter dem Zwang des Ghettos lebten und als Ausländer galten. Nach langen Diskussionen beschloss die Nationalversammlung am 24.2.1790 die Gleichstellung der südfranzösischen, am 27.9.1791 schließlich aller Juden in Frankreich. Diese erste vollzogene staatsbürgerliche Gleichstellung der Juden beendete aus der Sicht der jüdischen Geschichte das Mittelalter.

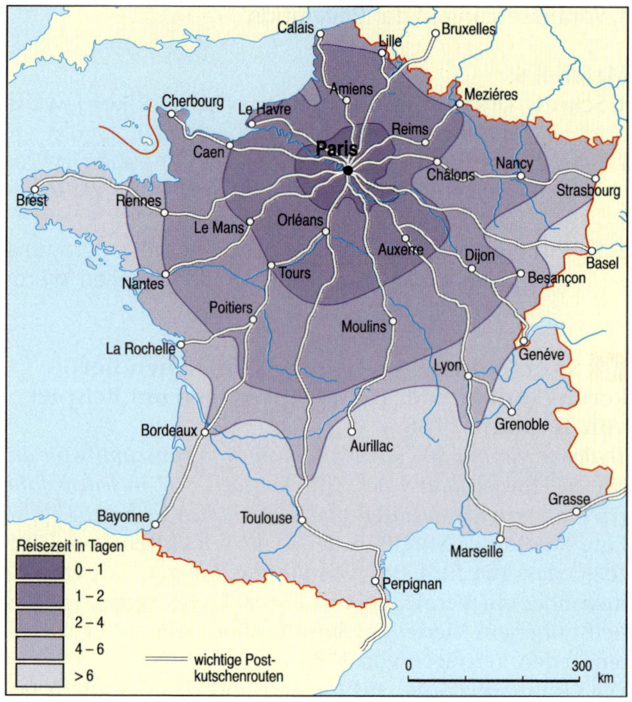


**8 Postrouten im 18. Jahrhundert**

Ebenfalls schon vor der Revolution hatte sich eine Société des Amis des Noirs gegründet, die analog zu den Vereinen in England und den USA die Aufhebung der Sklaverei forderte (die Bewegung der Abolitionisten). Ihr gehörten mehrere herausragende Abgeordnete der späteren Nationalversammlung (Konstituante) an, darunter auch wieder Abbé Grégoire. Die Konstituante befasste sich in mehreren Debatten mit der Menschenrechtsfrage in den Kolonien – nach dem Verlust der nordamerikanischen Kolonien nur noch die Inseln Réunion und Bourbon (heute Mauritius) im Indischen Ozean sowie vor allem die karibischen Inseln mit der Hauptkolonie Saint-Domingue (das heutige Haiti). Die Abolitionisten konnten sich in der Konstituante jedoch nicht durchsetzen, zu stark war die Lobby der weißen Kolonisten und

**9 Medaillon aus den französischen Kolonien**

des Sklavenhandels. Nach einigem Zögern, den wenigen freigelassenen ehemaligen Sklaven und Mischlingen die Bürgerrechte zu gewähren (Dekret vom 15. Mai 1791), machte die Konstituante schließlich im September einen Rückzieher und überließ dies den Versammlungen in den Kolonien, also den dort als Aktivbürger eingestuften Siedlern. Zur selben Zeit begann auf Haiti ein Freiheitskampf der Sklaven, der in einen blutigen Krieg und die Befreiung der Sklaven unter der Führung des „schwarzen ▶ Jakobiners" Toussaint L'Ouverture mündete. 1794 wurde die Sklaverei offiziell abgeschafft, unter Napoleon jedoch 1802 wieder eingeführt und bis zur Revolution 1848 aufrechterhalten. Toussaint L'Ouverture wurde gefangen genommen und starb 1803 in französischer Haft. 1804 erkämpften die Haitianer dennoch ihre Unabhängigkeit und gründeten einen eigenen Staat. Auch wenn sich Haiti bis heute durch innere Konflikte und sich abwechselnde Diktaturen nicht aus der Armut hat befreien können, so handelt es sich historisch dennoch um eine einzigartige Selbstbefreiung von Sklaven.

Die Frauen blieben von der Menschenrechtserklärung und später auch vom Wahlrecht ausgeschlossen. Schon die Formulierung Déclaration des droits de l'homme et du citoyen betraf nur die männliche Bevölkerung. Dennoch engagierten sich Frauen auf vielfältige Weise politisch und forderten ihre Rechte ein. In Paris wie in der Provinz nahmen sie an den Ereignissen teil; als sich in den Städten politische Clubs gründeten, waren sie mit dabei. In dem Maße jedoch, wie ihnen dabei die Gleichberechtigung versagt blieb, gründeten sie eigene Clubs und vertraten eigenständige Forderungen. 1791 veröffentlichte die Schriftstellerin Olympe de Gouges eine analog zur Menschenrechtserklärung verfasste Déclaration de la femme et citoyenne. Dabei trugen die Frauen durch den berühmten Zug der Frauen nach Versailles viel zur Durchsetzung der Menschenrechte bei.
Den ganzen September über weigerte sich nämlich der König, die ▶ Augustbeschlüsse der Nationalversammlung anzuerkennen. Da kam es am 5. Oktober zu einer jener Situationen, in denen sich durch das Zusammentreffen von politischem Unmut und täglicher Not (die Lebensmittelverknappung) eine revolutionäre Aktion entzündet: Frauen aus dem Arbeitervorort Saint-Antoine und aus dem Pariser Markthallenviertel verlangten nach Brot und zogen in einem Tagesmarsch zum Versailler Schloss, wo sie um 5 Uhr nachmittags ankamen, unter ihnen die belgische Frauenrechtlerin Théroigne de Méricourt, die schon am Bastillesturm beteiligt war. Mit mehrstündiger Verspätung folgte den Frauen die bewaffnete Pariser Nationalgarde. Die Forderungen der Frauen nach besserer Versorgung und niedrigeren Preisen richteten sich in Versailles an den König und an die Nationalversammlung. Am Morgen des 6. Oktober gelang es der versammelten Truppe, den König zur Anerkennung der ▶ Augustbeschlüsse zu zwingen und ihn und seine Familie sowie die Abgeordneten der Nationalversammlung nach Paris zu holen, wo der König fortan ins alte Schloß, den Louvre, zurückkehrte und die Nationalversammlung

**10 Zug der Frauen nach Versailles, 5. 10. 1789.** Unbekannter Künstler.

1

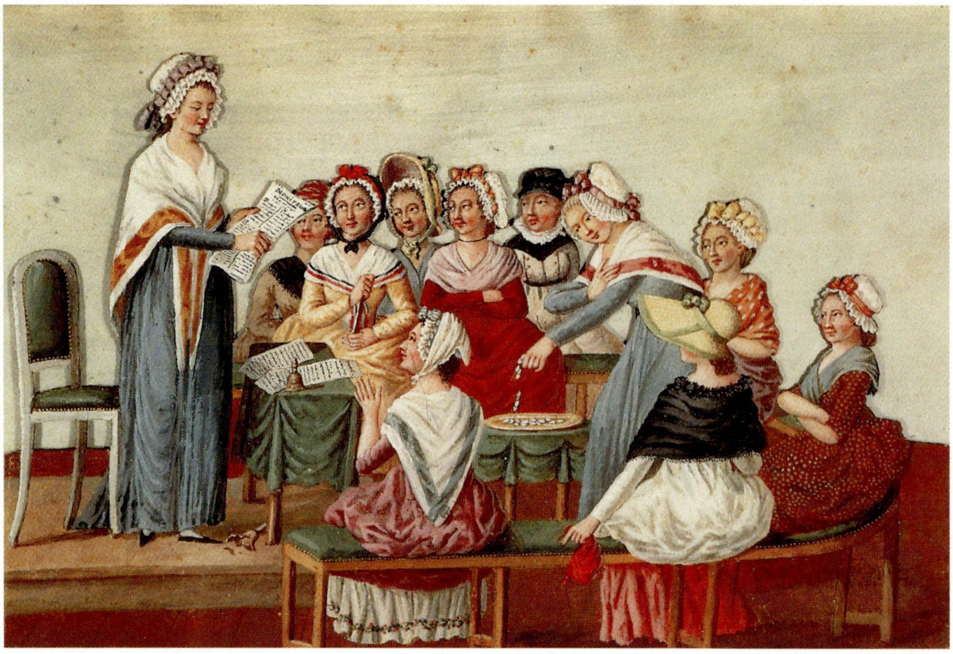

**11 Patriotischer Frauenclub.** Gouache von Pierre Etienne Lesieur

im alten Reitsaal der Tuilerien einen neuen Tagungsort fand. Die politische Avantgarde der Nationalversammlung, der bretonische Club, bezog als Société des Amis de la Constitution ein ehemaliges Jakobinerkloster, woraus die Bezeichnung Jakobinerclub entstand.

Die engagierten Frauen waren politisch ebenso unterschiedlich orientiert wie die gesamte Gesellschaft. Olympe de Gouges setzte sich für den König ein, als es politisch nicht mehr geraten war: unter der Jakobinerherrschaft wurde sie als Royalistin hingerichtet; Charlotte Corday ermordete den radikalen Journalisten Jean-Paul Marat; Manon Roland, die hochgebildete Frau des girondistischen Ministers Roland und vielleicht die politisch weitsichtigste unter den bekannten Revolutionärinnen, erlitt das Schicksal ihres Mannes: die Guillotine; Théroigne de Méricourt nahm an weiteren revolutionären Aktionen wie dem Tuileriensturm im August 1792 teil, gründete einen revolutionären Frauenclub und wurde unter der Jakobinerdiktatur als Girondistin verhaftet; als geisteskrank eingestuft, überlebte sie im Sanatorium. In der Phase der Jakobinerdiktatur organisierten sich jedoch auch Jakobinerinnen in eigenen Clubs, die dann verboten wurden.

Am radikalsten zeigte sich die Revolution im Kampf gegen die katholische Kirche. Auf die entschädigungslose Enteignung des Kirchenzehnten in den ▶ Augustbeschlüssen folgten sogleich der Vorschlag zur Verstaatlichung des Kirchenbesitzes durch den Bischof Talleyrand, einem alle politischen Umbrüche überstehenden einflussreichen Politiker, und schließlich das entsprechende Gesetz am 3.11.1789. Der gesamte Kirchenbesitz ging in die Hände des Staates über und sollte als „Nationalgüter" zur Abtragung der Staatsschulden verkauft werden. Der Klerus sollte in ein beamtenähnliches Verhältnis überführt, vom Staat besoldet und dem Staat verpflichtet werden durch die Leistung des Bürgereides auf die Verfassung (sog. Zivilkonstitution der Klerus am 12.07.1790).

Jetzt wurden die Priester jedoch in einen Loyalitätskonflikt zwischen Staat und Papst gestürzt, der viele in die Verweigerung des Eides trieb, darunter auch bis dahin positiv zur Revolution eingestellte Kleriker. Doch dabei blieb es nicht: Mit der Einführung der Zivilehe am 20.09.1792 wurde erstmalig in Europa ein Schritt zur Trennung von Kirche und Staat unternommen. In der folgenden Zeit entwickelte sich ein ideologischer Kampf nicht nur gegen die Kirche als Institution, sondern auch gegen das Christentum als Religion, der in die Schließung, Zerstörung und Besetzung von Kirchen für neu entstehende pseudoreligiöse Kulte mündete, die eine Göttin Vernunft (la déesse Raison) oder ein Höchstes Wesen im Sinne des Deismus der Aufklärungsepoche verehrten und eine „Zivilreligion" im Sinne des letzten Kapitels von Rousseaus Gesellschaftsvertrag einführen wollten. Zusammen mit dem Sturz der Monarchie Ende 1792 brachte diese Kulturrevolution dann auch die Einführung eines neuen Kalenders mit einer 10-Tage-Woche: la décade.

## 1.6 Der Fluchtversuch des Königs und die Verfassung von 1791

Nach dem erzwungenen Umzug des Königs und der Nationalversammlung von Versailles nach Paris nahm die Konstituante ihre Arbeit an der Verfassung auf, die immer wieder von den aktuellen politischen Konflikten des Jahres 1790 (aufständische Bauern, widerspenstiger Klerus) sowie den drängenden wirtschaftlichen und finanziellen Problemen unterbrochen wurden. Außerdem entwickelten die emigrierten Adiligen vom Ausland her Aktivitäten gegen das revolutionäre Frankreich. In der Nacht vom 20. zum 21. Juni trat die königliche Familie inkognito eine lang vorbereitete Flucht an, die über die Grenze nach Deutschland führen sollte. Durch eine Panne bei der Organisation der Auswechselpferde musste die Kutsche jedoch in Varennes Halt machten, wo der König vom Sohn des Postmeisters erkannt wurde. Die revolutionären Patrioten stoppten die weitere Flucht, der König wurde nach Paris zurückgebracht und das Ganze als Entführungsversuch deklariert.

Die Flucht des Königs hatte immerhin eine Konsequenz: Sie spaltete definitiv die Revolution in Anhänger der konstitutionellen Monarchie und Republikaner. Am 17. Juli 1791 organisierte der republikanische Club des Cordeliers eine Massenkundgebung auf dem Champs de Mars (wo heute der Eifelturm steht), die von der Nationalgarde blutig niedergeschlagen wurde (50 Tote). Der Bürgerkrieg, der sich vielerorts schon durch Bauernaufstände in der Provinz angekündigt hatte, hatte sein erstes Fanal in der Hauptstadt gefunden.

Die am 4. September schließlich verabschiedete Verfassung einer konstitutionellen Monarchie entsprach einem hinter der realen Entwicklung zurückliegenden Stand politischen Denkens. Durch die Unterscheidung zwischen Aktiv- und Passivbürgern sowie dem damit verbundenen Zensuswahlrecht schuf sie viele Enttäuschte in Frankreich. Bei der anstehenden Neuwahl der Nationalversammlung, die sich dann Assemblée nationale législative nannte, durften zudem keine Abgeordneten der Konstituante wieder kandidieren. Die in der Konstitutante in der Minderheit gebliebene Opposition gegen die Verfassung arbeitete fortan von außen gegen die Legislative, organisierte sich in politischen Clubs und stützte sich auf das revolutionäre Pariser Volk der Handwerker und Kleinbürger, die sich durch den Verzicht auf die für das Ancien Régime typischen Kniebundhosen zugunsten von beinlangen Hosen, wie sie damals die Arbeiter trugen die Sansculotten nannten (les sansculottes = ohne Culotte-Hosen).

Bei der Wahl der Legislative waren ca. 4,3 Millionen Aktivbürger, von insgesamt 7 Millionen Männern, wahlberechtigt, die Zahl der zu dieser Funktion berechtigten Wahlmänner betrug ca. 50 000. Das Zensusprinzip war schon im Dezember 1789 für die Kommunalwahlen eingeführt worden und daher bereits Realität im Lande.

## 1.7 Der Weg zur Republik und in den Krieg

Die auf zwei Jahre gewählte Legislative sollte das reguläre Ende ihrer Amtszeit nicht erleben. Die Eidesleistung des Königs auf die Verfassung und deren Inkrafttreten im September 1791 wurde allseits als anachronistisch empfunden. Die konstitutionelle Monarchie unterwarf den König der Nation und setzte deren Vertretung als Legislative eigentlich an die Spitze des Staates, überließ jedoch die Exekutive inklusive Oberfehl über das Militär dem König und diesem auch ein aufschiebendes Vetorecht gegen Gesetzesbeschlüsse. Trotz der exklusiven Auswahl durch das Zensuswahlrecht konnte sich die Legislative dem Druck der Ereignisse und der öffentlichen Meinung nicht entziehen. Dies zeigte sich zuerst in der außenpolitischen Frage, dann im Konflikt mit Ludwig XVI., der schließlich zu seinem Sturz und zu seiner Verurteilung führte.

Schon vor dem Fluchtversuch war zwischen der königlichen Familie, den Emigranten unter Führung des Fürsten Condé in Koblenz und den auswärtigen Monarchien (Österreich, Preußen, Spanien) ein informelles Netzwerk zum Kampf gegen die Revolution in Frankreich entstanden, dem sich inzwischen auch der emigrierte Thronfol-

**12** Karikatur über die Emigrantenarmee unter der Leitung des vormaligen Fürsten Condé

ger angeschlossen hatte. Nach der gescheiterten Flucht gab es von Österreich und Preußen in der ▶ Erklärung von Pillnitz (27.8.1791) eine erste Warnung an Frankreich mit der Drohung einer militärischen Intervention. Dies wurde von der damals führenden Gruppe im Jakobinerclub und dem radikalen Flügel in der Legislative unter Führung des Abgeordneten Brissot aus Bordeaux - weswegen die Gruppe dann Girondins genannt wurde (nach dem Département Gironde) - als Begründung für einen Präventivkrieg aufgegriffen, der schließlich am 20. April 1792 durch eine Kriegserklärung Frankreichs an den „König von Ungarn und Böhmen" eröffnet wurde (der Kaisertitel des habsburgischen Monarchen wurde bewusst vermieden). Die Unterzeichnung der Kriegserklärung durch Ludwig XVI. entsprach wohl auch seinem Willen, da dadurch die erwünschte militärische Auseinandersetzung herbeigeführt wurde. Schon am 3.12.1791 hatte Ludwig insgeheim die ausländischen Monarchien vergeblich zum militärischen Eingreifen aufgerufen und die Königin Marie-Antoinette, selbst Österreicherin, schrieb: „Der physische und moralische Zustand Frankreichs macht es unmöglich, dass es auch nur einen halben Feldzug durchhält."

Der „moralische Zustand" Frankreichs war jedoch besser als der „physische": Am 29. April bereits veröffentlichte Rouget de Lisle in Straßburg das „Kriegslied für die Rheinarmee", dessen Hintergrund der Zug freiwilliger Soldaten von Marseille an die Grenze war und als Marseillaise zur französischen Nationalhymne wurde. In einer ersten Welle der Begeisterung meldeten sich viele Freiwillige für den Krieg, doch es fehlte an Geld.

Der Verkauf der Nationalgüter vollzog sich nicht schnell genug, so dass man Anteilscheine auf die Nationalgüter ausgab, die Assignaten, die zunächst mit 5% verzinst wurden. Die allgemeine Situation der Unsicherheit führte jedoch zum weiteren Rückgang der Steuereinnahmen, so dass das Defizit für 1790 von 80 auf 294 Mio Livres anstieg. So beschloss man, die Assignaten durch Teilung in kleinere Einheiten in ein allgemeines Zahlungsmittel umzuwandeln (April 1790), sie kamen dadurch in Umlauf, dass der Staat alle seine Verpflichtungen in Assignanten beglich, die am 29.9.1790 durch einen allgemeinen Annahmezwang bei Abschaffung der Verzinsung zu offiziellem Papiergeld wurden. Kleinere Einheiten von 3-24 Livres wurden von Banken und noch kleinere von dafür gegründeten Assoziationen - Caisses patriotiques der Sociétés populaires in ganz Frankreich - ausgegeben, allein in Paris zirkulierten 63 verschiedene Typen von Anteilscheinen. Viele Sociétés populaires gaben jedoch mehr Scheine aus, als ihrem Vermögen entsprachen. Die Caisse patriotique de la Maison de secours in Paris erlebte einen Crash von mehreren Millionen Livres. Danach wurden die Scheine der Caisses patriotiques am 30.3.1792 verboten.

Doch auch der Staat gab immer mehr Assignaten aus: Ursprünglich auf 1 Milliarde, nämlich auf den Schätzwert der Nationalgüter, beschränkt, wurden 1792 bis zu 2 Mrd. ausgegeben. Die Inflation begann. Im April 1793 beschloss die 1792 nun Convention (dt. Konvent) genannte Nationalversammlung neue Zwangsmaßnahmen zur Akzeptanz der Assignaten, so durften die Händler keine zwei verschiedenen Preise (einen für altes Münzgeld, einen für Assignaten) ausschreiben, ab 5.9.1793 galt die Todesstrafe für „Diskreditierung von Assignaten". Am 4.5.1793 wurden Höchstpreise für Getreide festgesetzt, das sog. Maximum, kurz darauf aber 1,2 Mrd neue Assignaten ausgegeben. Alle Zwangsmaßnahmen erwiesen sich als unzureichend gegenüber einer steigenden Verschuldung von 200 Millionen monatlich. Da der Krieg zum Schuldenanstieg beitrug, konnte offenbar nur der Krieg auch wieder zum Abbau der Schulden beitragen.

Die Unzufriedenheit mit dem Gang der Revolution hatte in Frankreich Widerstände auf allen Seiten hervorgerufen, die sich immer mehr in gewalttätigen Zusammenstößen äußerten. Die wirtschaftliche Krise brachte eine weitere Front von Interessenskonflikten zwischen Stadt und Land, Konsumenten und Produzenten der Lebensmittel, die primär nichts mit der politischen Auseinandersetzung zu tun hatten, diese aber immer wieder überschatteten. Innere und äußere Konflikte verbanden sich fortan auf das Engste.

Die militärische Führung war durch den Loyalitätskonflikt zwischen König und Nationalversammlung geschwächt, namhafte Generäle liefen zu den Österreichern über, neben den wenigen regulären Truppen mangelte es den Freiwilligen an Ausbildung und Ausrüstung. Koordinationsprobleme hatten darüber hinaus in den österreichischen Niederlanden (Belgien) einen möglichen raschen Sieg über die österreichischen Truppen verhindert. Am 25. Juli 1792 hatte der Herzog von Braunschweig als Oberbefehlshaber im Namen Österreichs und Preußens erklärt, in Frankreich die uneingeschränkte Macht des Königs wiederherstellen zu wollen, jeglichen Widerstand mit vollständiger Zerstörung zu beantworten, und dass er im Falle der „mindesten Beleidigung" der königlichen Familie „für alle Zeiten denkwürdige Rache nehmen und die Stadt Paris einer militärischen Exekution und dem gänzlichen Ruin preisgeben" werde.

## 1.8 Der Sturm auf die Tuilerien und das Ende der Monarchie

Das Manifest des Herzogs von Braunschweig, der Widerstand des Königs gegen Gesetze der Nationalversammlung durch Ausnutzung seines Vetorechts sowie die offensichtliche Verbindung zwischen den Teilen der königlichen Familie in Paris und im Ausland, die als Verschwörung gegen die Revolution und damit gegen das französische Volk aufgefasst wurde, radikalisierten die Volksmassen in Paris und in der Provinz. Aus der Bretagne und aus Marseille reisten bewaffnete Föderierte, wie sich die Freiwilligenverbände nannten, nach Paris. Zusammen mit den Pariser Sansculotten nahmen sie die politische Initiative in die Hand: Am 10. August 1792 wurden die Tuilerien, wo die Nationalversammlung im königlichen Reitstall tagte, und der Louvre, die Residenz des Königs, besetzt, die ▶ Schweizer Garde des Königs besiegt und Ludwig XVI. seines Amtes für enthoben erklärt.

Die Nationalversammlung musste einsehen, dass die Verfassung von den Ereignissen überholt worden war und rief die Wahl eines neuen Parlaments, Convention nationale genannt, unter einem neuen und demokratischeren Wahlrecht aus. In das Justizministerium der neuen provisorischen Regierung wurde Georges Danton berufen, mit Maxilimien Robespierre führende Persönlichkeit des Jakobinerclubs und herausragender Aktivist des 10. August.

Zugeständnisse an die Bauern bei der Ablösung von den Feudallasten sollten Sympathien auf dem Lande schaffen und Freiwillige für die Armee mobilisieren. Am 2. September musste Verdun vor den Österreichern kapitulieren, in Paris reagierte das Volk der Straße mit Massakern an mehr als Tausend „Verrätern und Verschwörern" in den Gefängnissen, die nach dem 10. August verhaftet worden waren. Diese so genannten „Septembrisaden" bildeten den Auftakt zu dem, was man später la Terreur nannte, die Schreckensherrschaft als Abschreckung der Feinde der Revolution, und wurden von Danton als zuständigem Justizminister nachträglich als gerechte Volksjustiz in Zeiten des Krieges legitimiert. Gleichwohl stellte sich hier auch für die jakobinische Linke die Frage, wer die politische Macht hatte: die gewählte Volksvertretung oder das selbsternannte Volk auf der Straße unter dem Einfluss radikaler Agitatoren und Journalisten wie Jean-Paul Marat, dessen Aufruf zur Abrechnung mit den „Verrätern im Inneren" vielleicht das auslösende Moment für die Septembrisaden dargestellt hatte.

Am 19./20. September wendete sich die äußerst bedrohliche Kriegslage durch die Kanonade von Valmy in Lothringen, die den Vormarsch der Österreicher stoppte, obwohl der gegenseitige Artilleriebeschuss keine militärisch entscheidende Schlacht darstellte. Vielmehr war es ein moralischer Sieg der Franzosen, wie Johann Wolfgang von Goethe, der auf deutscher Seite mit dem Herzog von Thüringen im Gefolge der preußischen Truppen die Kampagne in Frankreich begleitete, in sein Tagebuch schrieb:

„Die größte Bestürzung verbreitete sich über die Armee. Noch am Morgen hatte man nicht anders gedacht, als die sämtlichen Franzosen anzuspießen und aufzuspeisen […]. Die meisten schwiegen, einige sprachen, und es fehlte doch eigentlich einem jeden Besinnung und Urteil. Endlich rief man mich auf, was ich dazu denke? […] Diesmal sagte ich: „Von hier und heute geht eine neue Epoche der Weltgeschichte aus, und ihr könnt sagen, ihr seid dabei gewesen." (Kampagne in Frankreich, 19. Sept., abends.)

**13 „Passans, cette terre est libre."**
Aquarell von J. W. von Goethe, 1792

Auf französischer Seite wurde die Schlacht von Valmy ebenfalls zur Schicksalswende hochstilisiert, die sie eigentlich nicht war, aber fortan sollte sich die Begeisterung einer nationalen Armee stärker als die Motivation einer Söldnerarmee erweisen. Ein Sieg war trotzdem noch lange nicht in Sicht.

## 1.9 Der Nationalkonvent, der Bürgerkrieg und die Terreur

Der Konvent trat am 21. September 1792 zusammen und bestimmte später diesen Tag des Äquinoktiums (Tagundnachtgleiche) zum Beginn des Jahres I des republikanischen Kalenders. Die Wahl fand unter einem fast demokratischen Wahlrecht für die männliche Bevölkerung statt – ausgeschlossen blieben nach wie vor die Frauen sowie die Erwerbslosen und die Dienerschaft, die als „nicht selbständig" im Sinne einer eigenständigen Existenz betrachtet wurden. Doch das Klima des politischen Kampfes führte dazu, dass insgesamt nur 10 % der Wahlberechtigten teilnahmen. Die immer dramatischere militärische Lage, die Angst vor Verrätern im Inland und die sich zuspitzenden sozialen Konflikte radikalisierten weiter den Konvent.

Den Jakobinern unter der Führung von Danton und Robespierre, dann unter der Diktatur Robespierres, gelang es, die ehemals führende Gruppe der ▶ Girondisten um Brissot, die aus den eigenen Reihen des Jakobinerclubs hervorgegangen war und dann ausgeschlossen wurde, von der Macht zu verdrängen und anschließend angesichts ihres Widerstandes als „Verräter" vor das neu gegründete Revolutionstribunal zu bringen. Die Regierung und Verwaltung wurde pauschal für korrupt erklärt, der Konvent setzte nun Ausschüsse ein, zunächst den Sicherheitsausschuss und dann den Wohlfahrtsaussschuss (Comité de salut public), die die eigentliche Macht übernahmen.

Der Prozess gegen Louis Capet, wie der entthronte König fortan hieß, begann am 11.12.1792 in der Nationalversammlung, die ihn am 15.01. mit 424 zu 287 Stimmen für schuldig befand und am 17.01. mit 387 zu 334 das Todesurteil aussprach. Der Antrag auf eine Volksabstimmung, der auch von den ▶ Girondisten befürwortet wurde, fand keine Mehrheit. Am 21.01.1793 wurde die Hinrichtung in Paris auf der Place de la Révolution, später von Napoleon in Place de la Concorde umbenannt, mit der Guillotine vollzogen, einem Fallbeil auf einem Schafott (frz. échafaud = Gerüst), das der Arzt Guillotin dem König 1789 nach italienischen Vorbildern aus dem 16. Jahrhundert als humanere Hinrichtungsart für Verbrecher präsentiert hatte.

Den Kritikern links, von den „Hébertisten" – benannt nach dem Pariser Sansculottenführer Hébert – oder den sogenannten Enragés („die Aufgebrachten") von Jacques Roux, ging die Revolution nicht weit genug, denn die ▶ Jakobiner blieben letztlich den kleinbürgerlichen Idealen verhaftetet. Das Eigentum als solches und die damit verbundene soziale Ungleichheit stellten sie nie in Frage, stattdessen wurden der freie Handel und seine

**14** **Die Hinrichtung Ludwigs XVI.**, Radierung 1793.

**15** **Politische Radikalisierung und Verschiebung der Kräfteverhältnisse im Parlament bis zum Sturz Robespierres**

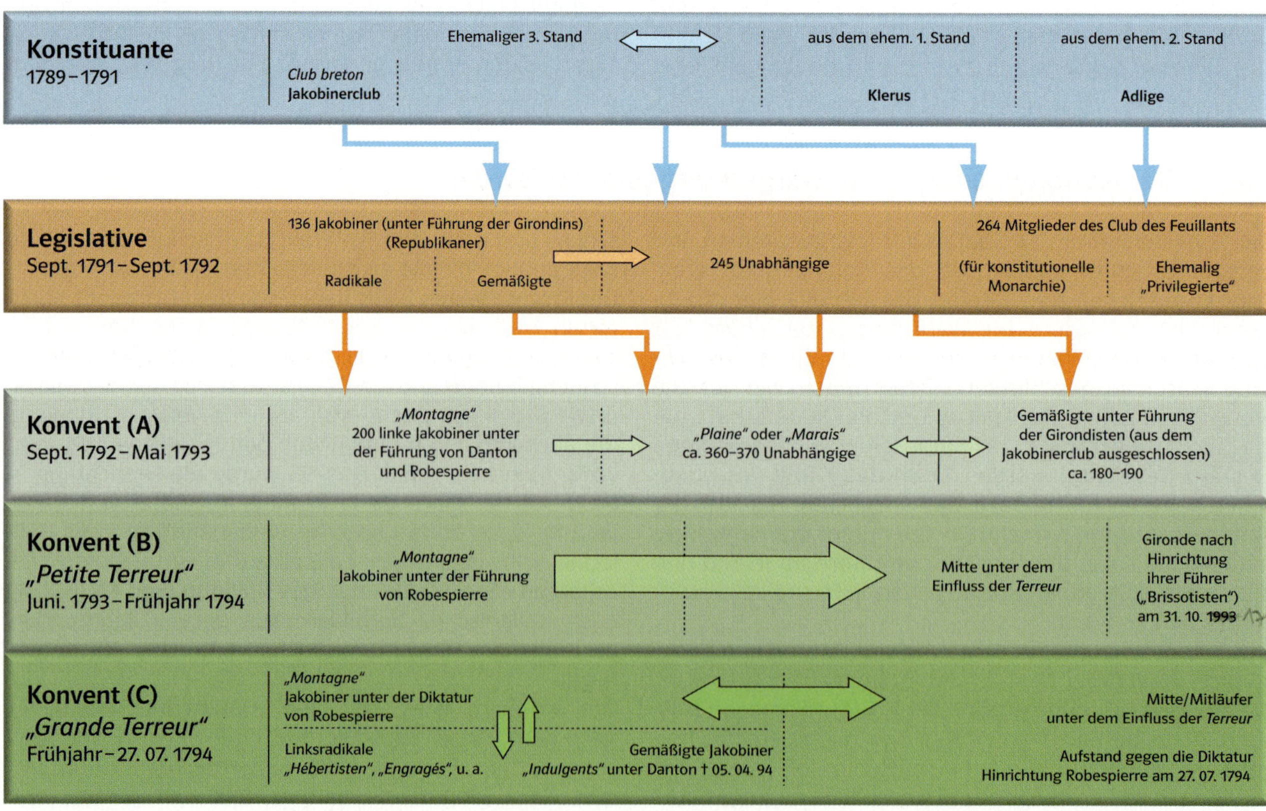


Nach der Sitzverteilung schon in der Legislative saßen die Republikaner und radikalen Revolutionäre links bzw. auf einer Tribüne (Montagne – „Bergpartei"), die Konservativen bzw. Gemäßigten rechts, getrennt von einer schwankenden Mitte (Plaine – Ebene/Marais – Sumpf)

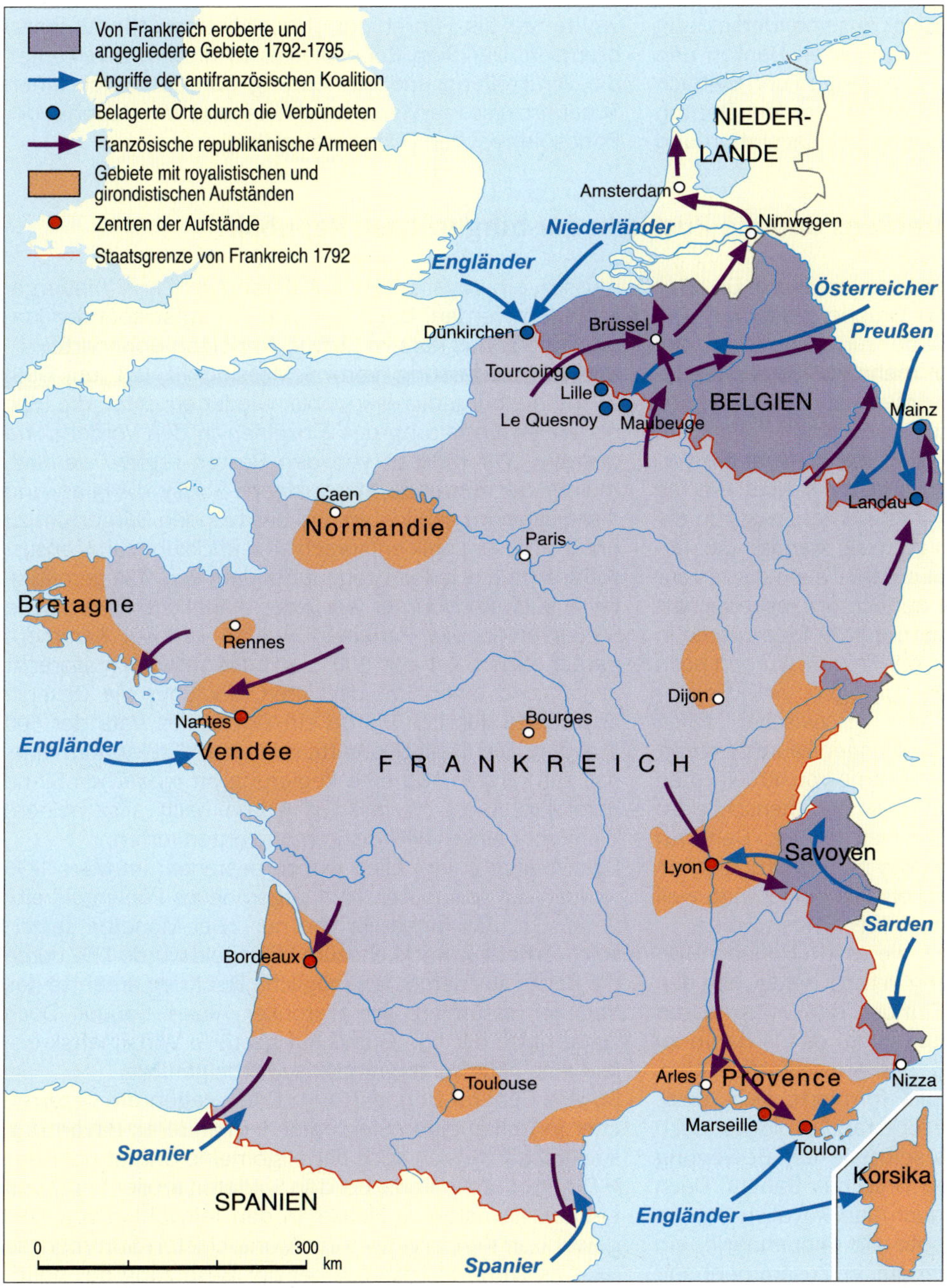


**16 Krieg und Bürgerkrieg im Sommer 1793.** Über die markierten Zonen militärischer Konflikte hinaus rebellierten $^{2}/_{3}$ der Départements im Westen und Süden gegen die jakobinische Herrschaft

Auswüchse in Richtung Spekulation bekämpft, indem man der Forderung nach einer Festlegung von Höchstpreisen (Maximum) für Lebensmittel nachkam und die Warenhortung unter Todesstrafe stellte. Radikalere Forderungen nach einer Aufteilung des Grund und Bodens, das sog. „Ackergesetz", lehnten die ▶ Jakobiner ab. Doch hob der Konvent die Beschlüsse zur Ablösung von den Feudallasten zugunsten einer entschädigungslosen Abschaffung auf. Damit wurde eine alte Forderung der Bauern erfüllt, die jedoch zu spät kam und durch die neuen Konflikte überschattet wurde. Die Mittel- und Kleinbauern waren beim Verkauf der Nationalgüter weitgehend leer ausgegangen, das Maximum bevorteilte die städtischen Volksmassen, die neue Wehrpflicht traf die ländliche Bevölkerung härter als die städtische.
So verbanden sich Bauernproteste mit konterrevolutionären royalistischen Aufständen, wie in der Vendée südlich von Nantes, und „föderalistischen" Widerständen der Provinz gegen die jakobinische Diktatur in Paris zu einem allgemeinen Bürgerkrieg, der auch innerhalb Frankreichs mehrere Fronten hatte. Der Konvent schickte Abgeordnete als „représentants en mission" mit diktatorischen Vollmachten und militärischer Unterstützung in die Krisengebiete, um dort die jakobinisch gesinnten Kreise zu sammeln und die Widerstände zu brechen. Als Erklärung für den breiten antijakobinischen Widerstand stellte man Theorien über die mangelnde Bildung und Einsichtsfähigkeit der Bevölkerung in West- und Südfrankreich auf, die dadurch politisch unmündig sei und vom revolutionären Paris geführt werden müsse, wie es seit Beginn der Revolution auch schon der Fall gewesen sei. Angesichts des Bürgerkrieges wurde die neu ausgearbeitete Verfassung – die demokratischste von allen – „suspendiert bis zum Frieden", sie trat jedoch nie in Kraft. Stattdessen wurde die Schreckensherrschaft (la terreur) auf die Tagesordnung gesetzt.
Doch aus der Sicht der Kritiker Robespierres in den eigenen Reihen hatte sich längst die Verteidigung der Freiheit in deren Unterdrückung verwandelt. Als exemplarisch für die Frage danach, wie weit Revolutionen

gehen dürfen, ist die ultimative Auseinandersetzung zwischen den ehemaligen Kampfgenossen Danton und Robespierre in die Geschichte eingegangen und vielfach literarisch und dramatisch verarbeitet worden. Danton erkannte die fatale Fehlentwicklung der Revolution und wollte sie als Führer der „Nachsichtigen" (Indulgents) bremsen. Der Sieg Robespierres in diesem Zweikampf, die Verurteilung und Hinrichtung Dantons durch einen Schauprozess markierte den Höhe- und Wendepunkt der Robespierreschen Diktatur zugleich.

## 1.10 Das Ende des Schreckens und die Rückkehr zur bürgerlichen Republik

Die Schreckensherrschaft war immer mehr zur Diktatur Robespierres und einer kleinen Gruppe geworden. Die Abschreckung der Gegner wurde zum Schrecken der ▶ Jakobiner selbst. Keiner war mehr vor Verdächtigungen sicher. Schließlich ließ die Mehrheit des Konvents, die hinter ihm gestanden hatte, Robespierre fallen. Am 9. Thermidor (27. Juli 1794) beschloss der Konvent die Verhaftung Robespierres und seines engsten Kreises, am Tag darauf wurden sie guillotiniert. Racheaktionen gegen die ▶ Jakobiner im ganzen Land folgten, sie standen der Terreur nur wenig nach und werden daher auch als terreur blanche bezeichnet. Die Bilanz der Schreckensherrschaft des ▶ Wohlfahrtsausschusses betrug 2639 Todesurteile in Paris; in den Aufstandsgebieten der Provinz wurden noch einmal ca. 17000 Hinrichtungen vollzogen, viele Gegner ohne Verfahren exekutiert, doch ist hier zwischen zivilen juristischen und militärischen Handlungen kaum zu unterscheiden. Mit einer geschätzten Summe von 40000 Toten bleibt die Opferzahl der Terreur hinter den menschlichen Verlusten der Revolutionskriege weit zurück. Dennoch hat sich der jakobinische Schrecken in der europäischen Geschichte dauerhaft als Schreckensbild eingeprägt, weil die Revolution gerade die Tyrannei überwinden wollte.
In mehreren Schritten wurden die Institutionen reformiert, 1795 eine neue Verfassung verabschiedet, die den Machtmissbrauch und den Einfluss der Volksmassen auf die Politik verringern sollte, zumal es bis dahin zu weiteren Aufstandsversuchen der Sansculotten kam. Eine neue Opposition von links formierte sich, erste kommunistische Forderungen entstanden sowie auch der Begriff des Kommunimus selbst in der Bewegung der „Gleichen" (Les égaux) von Gracchus Babeuf. Doch die Liberalisierung eröffnete auch den Royalisten neue Chancen. In Westfrankreich lebte die Chouannerie, ein Guerillakrieg der Bauern, wieder auf. Im Zusammenhang mit der Neuwahl der Volksvertretung im Oktober 1795 musste ein royalistischer Aufstand in Paris niedergeschlagen werden. Dabei tat sich ein aufstrebender junger Offizier aus Korsika hervor: Napoléon Bonaparte.
Mit der Verfassung vom 5. Messidor III (23. Juni 1795) wurde die bürgerliche Republik wieder errichtet, die Idee der freien Entfaltung des Einzelnen in den Vordergrund gestellt: „Wir müssen von den Besten regiert werden", meinte der führende Abgeordnete Boissy d'Anglas, und diese seien im gebildeten und besitzenden Bürgertum zu finden. Dieser Logik entsprach eine Rückkehr zum Zensuswahlrecht, das jedoch gegenüber dem von 1791 gemäßigter ausfiel: Aktivbürger war jeder männliche erwachsene Steuerzahler. Das Parlament wurde in zwei Kammern geteilt, einen Rat der 500, der Gesetzesvorschlagsrecht besaß, und einen Rat der Alten, der über die Gesetze abstimmte. Jährlich wurde ein Drittel des Rats der 500 erneuert. Die Exekutive hatte nun ein ▶ Direktorium inne, das zum ersten Mal eine Regierung im modernen Sinne darstellte. Diese Verfassung wurde nach allgemeinem Wahlrecht einer Volksabstimmung unterworfen.
Das Finanzproblem blieb jedoch bestehen: Im März 1796 wurden die Assignaten 30:1 gegen neues Papiergeld eingetauscht, das innerhalb von nur zwei Monaten seinerseits verfiel. Die Rückkehr zum Münzgeld wurde 1797 durch die Beute aus dem Krieg möglich. „Der Krieg ernährte das Regime", resümiert der Historiker Albert Soboul. Doch zuvor hatte der von Grund auf gestörte Wirtschaftskreislauf eine neue Versorgungskrise herbeigeführt.
So wie General Bonaparte im Krieg gegen die Österreicher in Italien einen Sieg nach dem anderen davontrug, so verschärfte sich auch der allgemeine Unmut über das ▶ Direktorium in Paris, bei den Soldaten an der Front und bei den Zivilisten zu Hause. In den Teilwahlen von 1797 gewannen Konservative und Monarchisten Stimmen, so dass es zum Machtkampf bei der Besetzung der politischen Ämter kam. Jetzt schlug die Stunde der Armee.

## 1.11 Von der Republik zur Diktatur eines Generals: Napoléon Bonaparte

General Bonaparte ließ seine Truppen nach Paris marschieren, um das ▶ Direktorium vor einer Entmachtung durch die Rechten zu schützen und sich dabei selbst politischen Einfluss zu verschaffen. Mit dem Staatsstreich vom 18. Fructidor (4.9.1797) wurden die vorausgegangenen Parlamentswahlen in 49 Départements für ungültig erklärt, 177 Abgeordnete ausgeschlossen, 65 Personen als Konspirateure verhaftet und in die Strafkolonie Guyane deportiert, die Presse zensiert, die Macht des ▶ Direktoriums erweitert, das sich bei den nächsten Wahlen durch massive Manipulation der Wahlmännergremien den Machterhalt sicherte. Noch beschränkte sich Bonaparte auf Kriegsführung und Außenpolitik, die er als General eigenmächtig an sich riss. Im Frieden von Campoformio vom 18.10.1797 trat das geschlagene Österreich Norditalien und Belgien ab. Letzteres wurde in Départements geteilt und Frankreich angegliedert, in Italien entstanden kleine Republiken nach französischem Vorbild.
Im Krieg gegen England setzte Napoleon sein ägyptisches Abenteuer durch, nachdem der Plan einer Invasion auf den britischen Inseln als aussichtslos aufgegeben worden war. In Ägypten sollte den Engländern der Weg nach Indien abgeschnitten werden. Doch während Napoleons Truppen Ägypten besetzten, wurde seine Flotte im Mittelmeer vernichtet. Das Direktorium setzte indessen die Eroberungspolitik in Italien fort. Eine neue antifranzösische Koalition der europäischen Monarchien von England bis Russland bildete sich, die militärische Macht Frankreichs zeigte Schwächen, während die sozialen und politischen Spannungen im Inneren wieder zunahmen. Die neue Wirtschaftspolitik des Direktoriums hatte zwar endlich die Finanzen in den Griff bekommen, aber nur durch eine Politik der Geldverknappung, die

**17 Kaiserkrönung Napoleons 1804.** Gemälde von Jacques Louis David 1805–1807.

nun umgekehrt zu einer Deflation führte: die Preise fielen, die Kaufkraft vor allem der ländlichen Bevölkerung sank zudem durch relative reiche Ernten 1796–98, die Manufakturindustrie erlebte eine Rezession. Während der Außenhandel Frankreichs durch den Krieg zum Erliegen gekommen war, drangen englische Waren auf den europäischen Markt vor, worauf man mit der Erhebung von Einfuhrzöllen nach Frankreich antwortete.

Von führenden Politikern vorbereitet, darunter Sieyes, der grauen Eminenz der Revolution vom Beginn bis zu ihrem Ende, und Lucien Bonaparte, dem Bruder Napoleons, der zum Vorsitzenden des Rates der 500 gewählt worden war, erschien Napoleon, klammheimlich nach Frankreich an Bord eines Schiffes zurückgekehrt, am 18. Brumaire (9.11.1799) zu einem neuen Staatsstreich an der Spitze einer bewaffneten Macht in Paris und setzte den Rat der 500 unter Druck. Oppositionelle Abgeordnete wurden ausgeschlossen, die Macht einem dreiköpfigen Konsulat unter der Führung von Napoleon übertragen. Die von ihm anschließend diktierte neue Verfassung gab ihm als auf zehn Jahren ernanntem Ersten Konsul große Macht: eine gewählte Volksvertretung gab es nicht mehr, entscheidende Kompetenzen der legislativen Gewalt wurden an die Konsuln und somit an Napoleon abgetreten, mehrere Institutionen hatten Beratungs- oder auch nur Akklamationsfunktion, Napoleon entschied allein über die Staatsfinanzen. In der diesbezüglichen offiziellen Proklamation wurde die Revolution für beendet erklärt.

Nach dem Frieden von Lunéville am 9.2.1801 ließ sich Napoleon durch ein erneutes Plebiszit zum Konsul auf Lebenszeit bestimmen und drei Jahre später im Zuge einer neuen Verfassung auf die gleiche Weise zum Kaiser der Franzosen wählen: „Die Regierung der Republik wird einem erblichen Kaiser übertragen“, hieß es darin. Der Kaiser musste den Eid auf „die Gleichheit der Rechte, die politische und bürgerliche Freiheit, die Unumkehrbarkeit der Verkäufe der Nationalgüter“ leisten. Napoleon erhielt die alten königlichen Schlösser und ließ sich vom Papst in Notre-Dame in Paris zum Kaiser krönen: Appell an eine alte Tradition, aber mit einer bedeutsamen Abwandlung.

Die Mitglieder der kaiserlichen Verwandtschaft erhielten den Titel „les Princes“, 1808 wurde ein neuer Adel geschaffen, dessen Mitglieder der Kaiser ernannte. Die Verwaltung Frankreichs wurde durch ein System von kaiserlichen Präfekten an der Spitze der Départements zentralisiert. Nach den entscheidenden Siegen über Preußen und Österreich, die zum wiederholten Male gegen Frankreich koaliert hatten, und der Auflösung des Heiligen Römischen Reiches setzte Napoleon Brüder und Schwäger an die Spitze niedergeworfener Monarchien wie Spanien oder neuer Monarchien wie das Königreich Westfalen. Der Kampf gegen England wurde weitergeführt und dem von Napoleon beherrschten Europa wurde die Kontinentalsperre auferlegt, einem Handelboykott gegen England, das weiterhin die Meere beherrschte.

1

### 18 Eine Kritik der Grundherrschaft (1776) von Pierre-François Boncerf, Jurist und Ökonom, Beamter im Ministerium von Turgot, als 1776 sein Buch anonym erschien und sofort vom Pariser Parlament verboten und verbrannt wurde.

Die Verkündung der Heumahd, der Ernte, der Weinlese, zur Unzeit festgelegt, haben euch um die Ernte gebracht; der Back- und Mühlenzwang haben zu Ausuferungen geführt, zum Verlust eurer Lebensmittel und wertvoller Zeit. Der Kelterzwang in diesem Jahr überreichlicher Ernte und Hitze hat eure Weinlesen verderben lassen, weil die Kelter nicht für die ganze Ernte gereicht haben und die Hitze die Gärung beschleunigt hat, so dass ein Teil eurer Ernte sauer geworden ist. Einer von euch kauft ein Stück Land, er glaubt frei zu sein durch die Zahlung der an den Grundherrn fallenden Gebühren; es stellt sich heraus, dass die Gebühren der vorherigen Besitzerwechsel nicht entrichtet wurden, genauso wenig wie der Zins, er wird also dazu verurteilt alle diese Rechte zu bezahlen, die mit den Kosten den Wert des Grundstücks übersteigen; alles, was ihm bleibt, ist eine zwecklose Klage gegen die Zahlungsunfähigen; die Wildkaninchen verschlingen eure Aussaat und Pflanzungen, die Frondienste nehmen euch die nötige Zeit für eure Arbeiten; eure Ernten sind verdorben, weil ihr mehrere Tage brauchtet, die der Herren zu machen, usw., usw.

Ihr fragt, woher so barbarische Gesetze und Rechte kommen, warum jeder Eigentümer eines Stück Landes, so beschränkt es auch sei, nicht das ganze Eigentum daran hat, und es nicht möglich ist, die Besitzrechte zu vereinfachen, so dass ein einziges Grundstück nicht mehr eine Vielzahl von Besitzern hat, die einer nach dem anderen offenbar, dem, der es kultiviert, Kummer bereiten? [...] Können dieselben Gesetze uns nicht helfen, unsere Herren dazu zu bringen, auf dem Wege der Teilung oder Versteigerung einen Teil unseres Grund und Bodens zu übernehmen als Ersatz für ihre grundherrlichen Rechte mit allem, was dazu gehört? Könnten wir sie nicht zwingen eine Entschädigung dafür zu erhalten [...], so dass, was uns bliebe und wir befreit hätten, ganz und gar frei und bar aller feudalen Lasten in unserem Besitz wäre?

Les Inconvéniens des Droits féodaux ou Réponse d'un Avocat au Parlement de Paris, à plusieurs Vassaux des Seigneuries de... de... etc., Ouvrage brûlé en 1776 [...], Trente-treizième Edition [...], [1791], S. 2–8. Aus: Archives parlementaires de 1787 à 1860. Sous la dir. de MM. Jules Mavidal et Emile Laurent, Paris 1879. – Digitalisierte Faksimilé-Ausgabe der Bibliothèque Nationale de France auf www.gallica.fr. Übersetzt von W. Geiger.

### 19 Grundbesitz im Ancien Régime

*a) Verteilung des Grundbesitzes 1789, Mittelwert für ganz Frankreich (Extrapolation)*

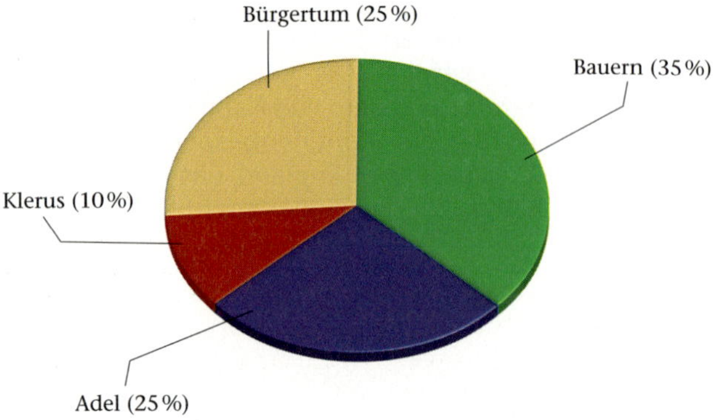


Zusammengestellt nach: van den Heuvel, a.a.O., S. 43.

*b) Verteilung des Grundbesitzes innerhalb der bäuerlichen Bevölkerung 1789, Durchschnitt für ganz Frankreich (Extrapolation ausgehend von einigen Regionen)*

| Größe des Besitzes | 1 ha | 1–5 ha | >5 ha |
|---|---|---|---|
| Anteil der Bevölkerung | 55,30% | 32,10% | 12,60% |

*c) Sozialstruktur auf dem Land nördlich von Paris*

| | 1685 | | 1789 | |
|---|---|---|---|---|
| Großpächter | 243 | 10,20% | 252 | 8,37% |
| Kleinpächter | 236 | 9,90% | 91 | 3,02% |
| Landarbeiter | 701 | 29,50% | 1021 | 33,92% |
| Hausbedienstete | 146 | 6,10% | 337 | 11,20% |
| Handwerker | 269 | 11,30% | 479 | 15,91% |
| Händler | 166 | 7% | 132 | 4,39% |
| Andere | 141 | 5,90% | 298 | 9,90% |
| Witwen | 474 | 20% | 400 | 13,29% |
| **Summen** | **2376** | | **3010** | **100%** |

Anm.: Unter Kleinpächtern sind die unabhängigen Mittelbauern zu verstehen.

(nach: van den Heuvel, a.a.O., S. 40, 43.)

### 20 Unzufriedenheit und Konflikte mit der Revolution bis 1793

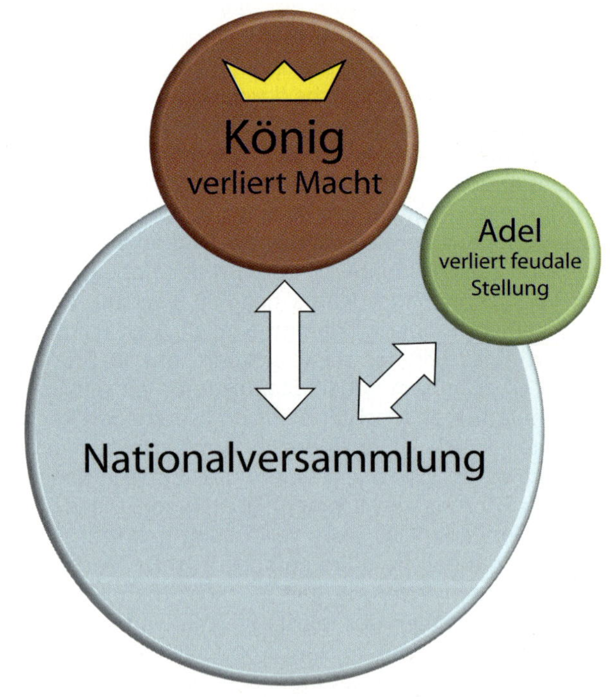


### 21 Krieg den Privilegierten und Krieg den Privilegien

*Brief Mirabeaus an Levrault in Strasbourg 16. August 1788:*

Kein Zweifel mehr, die Generalstände werden zusammentreten. Ich frage Sie: Wer würde sonst am 1. Mai 1789 bezahlen? [...]

Die ersten Generalstände werden stürmisch sein, werden vielleicht zu weit gehen; die zweiten werden ihren Fortbestand sichern; die dritten werden die Verfassung vollenden. Weisen wir das Bedürfnis nicht von uns, eine vollständige zu schaffen; wenn heute alles Recht ist, wird morgen alles gesetzlich sein. Hüten wir uns vor allem vor der Gelehrsamkeit, verschmähen wir, was geschehen ist, suchen wir, was geschehen soll, und unternehmen wir nicht zuviel! Die Zustimmung der Nation zu Steuern und Anleihen, die bürgerliche Freiheit, die periodischen Reichsversammlungen: das sind die drei Hauptpunkte, die auf einer bestimmten Erklärung der Rechte der Nation beruhen müssen; das Übrige wird später kommen. Was meine privaten Anschauungen angeht, so will ich sie Ihnen – für Sie persönlich – rundheraus sagen. Krieg den Privilegierten und den Privilegien, da haben sie meine Losung. Die Privilegien sind nützlich gegen die Könige; aber sie sind verabscheuenswert gegen die Nationen, und niemals wird unsere Nation ein echtes Staatsbewusstsein haben, solange sie nicht von ihnen befreit ist; da haben Sie den Grund, warum wir bleiben müssen, was ich persönlich in hohem Grade bin: monarchisch. [...] Es hieße unser Zeitalter barbarisch zurückschrauben, wenn man zu gewalttätigen Revolutionen seine Zuflucht nähme; der Unterricht genügt dank der Buchdruckerkunst, um all die Revolutionen durchzuführen, die die Menschheit sich schuldig ist; und bei diesem Verfahren allein werden die Nationen nichts von ihren Errungenschaften verlieren.

Zit. nach: Walter Markov, Revolution im Zeugenstand. Frankreich 1789–1799, Bd. 2: Gesprochenes und Geschriebenes, Frankfurt a. M. 1987, S. 18 f.

### 22 Warnruf an die Pariser

*Anonyme Flugschrift, Sommer 1788:*

Leichtfertige Pariser! Ihr lauft in die Theater, in die Kaffeehäuser und zu allerlei Belustigungen, während die Monarchie in Gefahr ist und eure Feinde darauf aus sind, eure Ketten noch schwerer zu machen und euch zu Sklaven herabzudrücken. Ihr verharrt in törichter Untätigkeit, während ihr doch daran denken solltet, euch zu verteidigen! Vergeblich vertreten in Liebe zum Vaterland entbrannte Schriftsteller eure wankende Freiheit:

Ihr aber helft ihnen nicht bei ihren großmütigen Bemühungen und verbleibt unbeteiligt und gleichgültig. Schaut auf die Bretagne, die Guyenne, das Languedoc und das Dauphiné: dort sammelt sich das Volk, fasst Beschlüsse, um das Joch abzuschütteln, das man ihm auferlegen möchte, und um seine Rechte zu schützen; und ihr, die ihr den Provinzen ein Beispiel geben solltet, redet kaum über die Revolution, die im Kommen ist; ihr macht euch noch ein Vergnügen daraus, und eure Tage vergehen in einem lässigen und verweichlichten Leben. Ihr Memmen! Streift diese schändliche Teilnahmslosigkeit ab, die ans Verbrechen grenzt, erhebt euch gegen den Klerus, den Adel und den Richterstand, die miteinander eng verbündet sind, und duldet nicht, dass an die 600 000 Menschen für 24 Millionen die Gesetze machen! Seid ihr einverstanden, dass der Klerus Straf- und Abgabenfreiheit, der Adel Privilegien, der Richterstand Prärogativen für sich beansprucht, als wäre es keine Schande, von Abgabenfreiheit, Immunität und Privilegien zu sprechen, wenn sich der Staat in Nöten und der größere Teil der Nation im Elend befindet? Schart euch um den König, bildet einen Schutzwall, unterstützt seine Autorität und die Unabhängigkeit seiner Krone! [...]

Appel aux Parisiens et Appel de toutes convocations d'Etats généraux où les Députés du troisième Ordre ne seraient pas supérieurs aux deux autres. Bibl. Nat., Lb39 830. Nach: Markov, Revolution im Zeugenstand, Frankfurt a. Main 1987, S. 19 f.

### 23 Beschwerdeheft der Gemeinde Gerlfangen (Saar), März 1789:

Klagen der Gemeinde Gerlfangen, zugehörig zu Bouzonville. Die Vorladung, die uns vom Amtsdiener namens François Veber überbracht wurde, auf Befehl ihrer Majestät, am Mittwoch, dem 11. März des Jahres 1789, um 8 Uhr morgens in Bouzonville zu erscheinen, um unsere Klagen, die wir zu erheben haben, vorzubringen; nämlich

1. Unsere Gemeinde muss sich über nichts mehr beklagen und ihrer Majestät vortragen, als dass wir so sehr von der Verpachtung der Salzsteuer[1] belastet werden, dass die Hälfte unserer Einwohner weder Suppe noch eine Gemüsesuppe in der Woche essen kann wegen des hohen Salzpreises.

2. Unsere Gemeinde ist mehr, als man es beschreiben kann, belastet wegen des Mühlenbanns. Wenn selbst ein armer Mensch noch ein Bichet [=ca. 30 l] Getreide hat, um Brot zu backen, muss er noch eine gute Meile laufen, um Mehl zu bekommen, und gerade unsere Bannmühle ist nicht in der Lage, uns Mehl bei Trockenheit zu liefern, und wir haben wegen der Mühle viel Vieh verloren, und es ist keine Mühle Ihrer Majestät.

3. Unsere Gemeinde muss noch den dritten Pfennig von dem zahlen, was ein armer Einwohner kauft.[2]

4. Wenn ein Mensch stirbt, erhebt der Kapiteldekan von Trier die Sterbegelder[3].

Unsere Gemeinde ist mit Frondiensten belastet, insbesondere: Jeder Bauer ist verpflichtet, drei Tage mit seinem Gespann für den Kapiteldekan zu pflügen und ebenso für Herrn Galheau von Fremersdorf und jeder Arbeiter drei Tage zu Handarbeiten, und wir wissen nicht warum, und darüber hinaus müssen wir soviel Fass Getreide als Pacht für unser Land liefern, soviel Tage während der Ernte Handdienste leisten, und alles für den Kapiteldekan von Trier. Deshalb bitten wir, wenn wir die genannten Frondienste leisten müssen, sie eher Ihrer Majestät als ausländischen Herren zu leisten.

[...] [Weitere Beschwerden über Trier]

Wir bitten Ihre Majestät, uns beizustehen und uns Ihr großes Erbarmen wegen der Forstgerichtsbarkeit zu gewähren; denn wir werden von den grundherrlichen Förstern geplagt, und am stärksten von den Waldhütern Ihrer Majestät! Deshalb bitten wir um Gnade, und wenn Ihre Majestät sie uns gewähren will, bitten wir, die Freiheit zu erhalten, unsere Waldhüter selbst einzusetzen, und dass die Waldhüter für unsere Wälder zuständig sind, und wir werden sie selbst bezahlen.

Da wir immer noch von der Steuerpacht belastet werden, wie Ihre Majestät weiß, ruiniert uns das Salz, denn unser Lagersalz ist kein gutes Salz, aber die Ausländer verbrauchen gutes Salz, und die Pacht bringt uns und Lothringen zum Verderben. Wir bitten Ihre Majestät um Erbarmen.

Geschrieben zu Gerlfangen, am 9. März 1789, und wir unterschrieben, nachdem wir die Abgeordneten gewählt haben [...]"

J. Schmitt (Hg.), Französische Revolution an der Saar, Saarbrücken 1989, S. 23 f.

[1] Wie andere indirekten Steuern auch wurde die Salzsteuer (gabelle) an Steuerpächter (fermiers généraux) verpachtet, d. h. diese Financiers streckten dem König die Einnahmen vor und zogen diese dann selbst ein, wobei eine beträchtliche Differenz zwischen beiden Summen ihren Gewinn ausmachte.

[2] Bei Verkauf musste ein Drittel des Kaufpreises zusätzlich dem Grundherrn entrichtet werden.

[3] Abgabe, die beim Tod eines unter der Grundherrschaft stehenden Hörigen fällig wurde.

1

### 24 Cahier des Dritten Standes des Bezirks von Metz

*Der Gerichtsbezirk von Metz umfasste weite Teile Lothringens; für die Organisation der Beschwerdehefte und die anschließende Wahl zu den Generalständen wurden angrenzende, damals zu Frankreich und heute zum Saarland gehörende Territorien, darunter die Stadt Saarlouis, hinzugefasst. Vertreter des Dritten Standes von Saarlouis war der Adlige und königliche Gerichtsbeamte Adolphe de Lassalle (andere Schreibweise: La Salle), dem der kleine Gerichtsbezirk von Saarlouis unterstand.*

***Beginn des Beschwerdeheftes, Faksimile nach der Druckfassung in den Archives parlementaires, t. III, p. 765:***

CAHIER

Des plaintes, doléances et remontrances du tiersétat du bailliage de Mets, présidé par M. le lieutenant général audit siège, remis à MM. Emmery et Mathieu de Roudeville, avocats au parlement; La Salle, lieutenant général du bailliage de Sarrelouis, et Claude Alongongs, avocat, nommés, le 15 avril 1789, députés du tiers des bailliages de Mets, Thionville, Sarrelouis et Longwy, et des prévôtés royales et bailliages de Phalsboury et de Sarreboury (1),

Commencé le 13 mars 1789, et clos le 20 dudit mois.

Art. 1er. Auront charge et pouvoir, les députés, de proposer et requérir que les délibérations soient prises aux Etats généraux par les députés des trois ordres réunis, et que les suffrages soient comptés par tête.

Art. 2. De demander un règlement sur les lettres de cachet. qui assure la liberté individuelle,

(1) Nous reproduisons ce cahier d'après un imprimé de la *Bibliothèque du Sénat.*

*bailliage* – Gerichts- und Verwaltungsbezirk
*lieutenant général* – oberster Beamter eines bailliage
*prévôté* – untergeordneter Gerichtsbezirk
*lettres de cachet* – königliche Anordnungen für die Festnahme von Personen; (Inbegriff der monarchischen Willkür und fehlenden Menschenrechte)

***Fortsetzung des Beschwerdeheftes:***

Art. 3. Dass unabhängig von der Freiheit der Personen alle Arten von Eigentum durch die Verfassung garantiert werden, so dass sie unverletzlich seien, […].

Art. 4. Dass auf die feierlichste Weise anerkannt werde durch einen authentischen, ständigen und dauerhaften Akt, dass einzig die Nation das Steuerrecht besitzt […].

Art. 5. Dass der König untertänigst gebeten werde für gut zu befinden, dass den Münzen durch Einschmelzen oder auf andere Weise keine Änderung im Titel, Wert oder Metallgehalt der Gold-, Silber- oder anderen Münzen zugefügt werde ohne die Zustimmung der Generalstände.

Art. 6. Dass festgelegt werde, dass nicht nur jedes Finanzgesetz, sondern auch jedes allgemeine und dauerhafte Gesetz, welcher Art auch immer, zukünftig nur in der Versammlung der Generalstände und durch das Zusammenwirken der Autorität des Königs und der Zustimmung der Nation verabschiedet wird; dass diese Gesetze in der Präambel diese Worte tragen: Im Namen und mit Zustimmung des Volkes der drei Stände des Königreichs […].

Art. 7. *[Regelungen für die Zeiten, in denen die Generalstände nicht tagen].*

Art. 8. Dass kein Handelsvertrag mit den auswärtigen Mächten von dauerhafter Wirkung sein könne ohne das Einverständnis der Generalstände.

Art. 9. *[Über die Sitzungsperioden der Generalstände; mindestens alle drei Jahre; Rechte der Provinzialstände in der Zwischenzeit].*

Art. 10. Dass die Wiedereinrichtung oder Einrichtung oder überhaupt die Bildung der Provinzialstände gewährt werde […]; dass diese Provinzialstände nach dem Modell der Generalstände organisiert werden […]; dass die Zahl der Abgeordneten zwischen Stadt und Land nach dem Verhältnis ihrer jeweiligen Bevölkerung aufgeteilt werde […].

Art. 11. *[Prinzip der Verantwortlichkeit der Minister]*

Art. 12. *[Pressefreiheit].*

Art. 13. *[Zugang zu allen Ämtern und Würden für den Dritten Stand]*

Art. 14. *[Gegen die Zwangsverpflichtung zum Militär durch das Losverfahren]*

Art. 15. Dass über alle vorangehenden Punkte, die Verfassungsrang haben, beschlossen werde, und dies vor jeder anderen Verhandlung […].

*[Im Anschluss daran sollen die Abgeordneten verlangen]:*

1. Eine exakte und detaillierte Aufstellung über die Finanzlage;
2. Die Überprüfung der Höhe des Defizits und seiner wirklichen Gründe;
3. Die begründete Festlegung der Ausgaben der verschiedenen Abteilungen *[=Ministerien der Regierung];*
4. Die Konsolidierung der nationalen Schulden mit mäßigen Zinsen;
5. Die Auslöschung aller Steuern, an deren Stelle nach Zustimmung der Stände Beiträge erhoben werden, die gleichmäßig von den drei Ständen aufgebracht werden, proportional nach Höhe des mobilen oder immobilen Eigentums jedes Beitragspflichtigen […];
6. Die jährliche Veröffentlichung der Einnahmen und Ausgaben […];
7. Schließlich die öffentliche Rechenschaftslegung durch Belege bei jeder Sitzung der Stände.

**Klerus**

Art. 16–28: *[Umorganisation der kirchlichen Strukturen inkl. der Finanzen mit dem Ziel der Vereinheitlichung im Königreich, Abbau von Hierarchien, Verringerung der Ausgaben und Stärkung der Gemeinden.]*

Art. 18. *[Rückkehr zum Gründergeist der Kirche; außerdem werden deutsch-französische Grenzprobleme angesprochen, da Teile des Bezirks von Metz dem Erzbistum von Trier unterstehen. Gerichtsverfahren in diesen Gebieten sollen vor Ort in französischer Sprache abgehalten werden. In den kirchlicher Grundherrschaft unterstehenden Gebieten sollen Relikte der Leibeigenschaft sowie bestimmte andere grundherrliche Vorrechte abgeschafft werden.]*

**Adel**

Art. 29. *[Adelstitel sollen nur an Personen vergeben werden, die sich für das Vaterland verdient gemacht haben.]*

Art. 30. *[Grundherren, die bestimmten Auflagen für ihre Rechtsprechung nicht nachkommen, soll die Gerichtsbarkeit entzogen werden.]*

Art. 31. *[Wiederherstellung des Privilegs der Befreiung von den Abgaben an den König aus dem Status des franc-fief* der Stadt und des Umlandes. – (*=königsunmittelbares Lehen.)]*

Art. 32. *[Über die Haltung von Tauben; sie sollen zur Zeit der Aussaat und der Ernte eingeschlossen werden. Auch Missbräuche des Jagdrechts sollen eingedämmt werden.]*

Art. 33. Dass alle Pflichten in Sach- oder Personenleistungen, Mühlen-, Back-, Kelterzwänge, Zinsen und Abgaben in Naturalien oder in Münzen, sowohl grundherrliche als auch andere, Verkaufssteuern und jedwede Dienstleistungen von denjenigen abgekauft werden können, die ihnen unterworfen sind, und zwar durch eine Zahlung zu einem Satz, der von den Generalständen festgelegt wird.
Art. 34. *[Bei der Aufteilung des Gemeindelandes soll fürderhin nicht mehr ein Drittel an die Grundherren gehen.]*

**Justiz**
Art. 35–49. *[Hier folgen eine Fülle von detaillierten Forderungen zur Reform der Justiz mit dem Ziel einer Vereinfachung und Vereinheitlichung in Frankreich sowie der Gleichheit aller Personen vor dem Gesetz.]*

**Finanzen**
Art. 53. Dass man die vollständige Abschaffung der Salzsteuer verkünde, worauf die die Stadt Metz und das Metzer Land ein besonderes Recht haben angesichts dessen, dass sie sich aller Freiheit an diesem Gut erfreuten vor, während und nach ihrer freiwilligen Unterwerfung unter die Krone.
Art. 54–56. *[Detailforderungen im Anschluss an Art. 53 u. a.]*
Art. 57. Dass insbesondere beschlossen werde, dass der in Naturalabgaben umgewandelte [königliche] Frondienst von allen drei Ständen getragen werde.
Art. 58–60. *[Detailforderungen zur Reform der Steuern]*

**Handel**
Art. 61. *[Aufrechterhaltung der Zollrechte der Provinz]*
Art. 62-63. *[Aufhebung der Hemmnisse für den Handel mit dem Ausland]*
Art. 64. Dass alle Arten von Gewichten, Maßen und Eichungen im ganzen Königreich gleich seien.
Art. 65–67 *[Detailforderungen verschiedenster Art]*

**Landwirtschaft**
Art. 68–69. Dass das Edikt zur Einhegung aufgehoben werde.
*[Es handelt sich um die Einhegung und damit Abschaffung der Allmende, des gemeinschaftlich frei genutzten Landes.]*
Art. 69. Dass das genutzte Gemeindeland ebenso wie das urbar gemachte oder urbar zu machende Land [...] für immer von der Zahlung des Zehnten (dîme) freigestellt werde.
Art. 70. Dass in den Hauptorten unter Aufsicht der Provinzialstände Getreidespeicher für die Überschüsse eingerichtet werden, in denen soviel Korn gelagert werden kann, wie für mindestens ein Jahr Ernährung der Einwohner notwendig ist, und dass der Export von Getreide und Mehl ins Ausland erst dann genehmigt werde, wenn die Überschussvorräte aufgefüllt sind und nur mit Zustimmung der Provinzialstände.
Art. 71–75. *[Detailforderungen zur Verbesserung der Landwirtschaft]*

**Handwerk und Berufe**
Art. 76–78. *[Forderungen nach mehr Freiheiten in der Ausübung der Berufe.]*

**Hilfe und Unterstützung für die Armen**
Art. 79. Dass öffentliche Werkstätten eingerichtet werden, wo alle Arbeitsfähigen Arbeit finden können gegen einen dem allgemeinen Preis der Grundnahrungsmittel angemessenen Lohn.
Dass, was die Armen betrifft, die noch nicht oder nicht mehr im Stande sind zu arbeiten, ihnen auf Kosten des Staates die notwendigen Hilfen für ihren Unterhalt gegeben werden. [...]
Art. 80–81. *[Staatliche Hilfen für Brandschutz und bei Brandschäden; ärztliche Versorgung.]*

**Besondere Forderungen**
Art. 82–85. *[Div. örtliche Probleme; Einrichtung einer öffentlichen Schule (Art. 83); Wunsch, „die Juden nützlich zu machen" (Art. 84); Anweisung an die Abgeordneten, die Wünsche des 3. Standes und dessen Würde zu vertreten sowie auf die Reform des Staates hinzuwirken]*

Archives parlementaires, t. III, p. 765 f.; www.gallica.fr, a. a. O.; übersetzt von W. Geiger

### 25 Aus dem Beschluss der Ständeversammlung der Stadt Metz und des Metzer Landes vom 19. November 1788

*Der Text beginnt mit einer historischen Herleitung der gleichen Rechte und Pflichten der drei Stände aus der Frühzeit der fränkischen Monarchie sowie aus der Geschichte der Stadt Metz: [...]*
Der Dritte Stand verhält sich der Bevölkerungszahl nach zum Adel und zum Klerus wie 99 zu 1. Mit diesen beiden Ständen teilt er, jedoch in einem niedrigeren und mühseligeren Rang, alle Funktionen, die sie ausüben. Er ist es, der die Armeen aufstellt, er ist es, der in den Städten und auf dem Land, beauftragt die Wahrheit der Religion zu verkünden, als Zeuge und Tröster des Unglücks des Volkes, oft mit ihm zusammen die schwere Last trägt.
Außer diesen Funktionen, denen er zusammen mit dem Adel und dem hohen Klerus nachkommt, übt er noch die erste und nützlichste aller Künste aus; durch seine Arbeit macht er die Erde fruchtbar, er lässt Manufakturen und Handel aufblühen, er liefert die Anwälte, die Richter in den Gerichten; in einem Wort, alle Klassen von Bürgern, alle Arten von Kultur und Industrie, er belebt alles, er ist die universelle Seele der Gesellschaft.
Da der Dritte Stand, wie gesehen, 99 Prozent der Nation stellt und fast die Gesamtheit der Lasten und Abgaben trägt, ist es dann nicht gerecht, dass er gleichermaßen darauf Einfluss nimmt, wie sie erhoben werden? Und kann das Mittel, diesen gleichen Einfluss auszuüben, ein anderes sein als in den nationalen Versammlungen dieselbe Zahl von Abgeordneten zu haben als der Klerus und der Adel zusammen? Wen wird man für die Festsetzung der Steuern befragen, wenn nicht diejenigen, die hauptsächlich deren Gewicht zu spüren bekommen? [...]
Der Vorschlag, dass der Dritte Stand eine gleiche Zahl von Abgeordneten entsendet wie die beiden anderen Stände zusammen, dürfte um so weniger Schwierigkeiten bereiten, als dieses Verhältnis bereits von den Provinzialversammlungen des Berry und der Guyenne angenommen wurde. Sie hat die Zustimmung der Notabeln für die Zusammensetzung der Provinzialversammlungen im Rest Frankreichs erhalten. Könnten diese respektablen Bürger, in die der Fürst und das Volk ein so gerechtfertigtes Vertrauen gesetzt haben, heute anders entscheiden, wenn es um die Generalstände geht?
Dieses Verhältnis wurde bei der jüngsten Zusammensetzung der Stände des Dauphiné für gerecht befunden und die Regierung hat ihr gerade ihre Zustimmung gegeben.
Schließlich fordern die drei Stände durch ihre Bitte nur die Rechte, die ihnen ihre Verfassung gibt. [...]

Archives parlementaires, t. III, p. 794, www.gallica.fr , a. a. O., übersetzt W. Geiger

**26** **Abbé Sieyes, Was ist der Dritte Stand?** Januar 1789

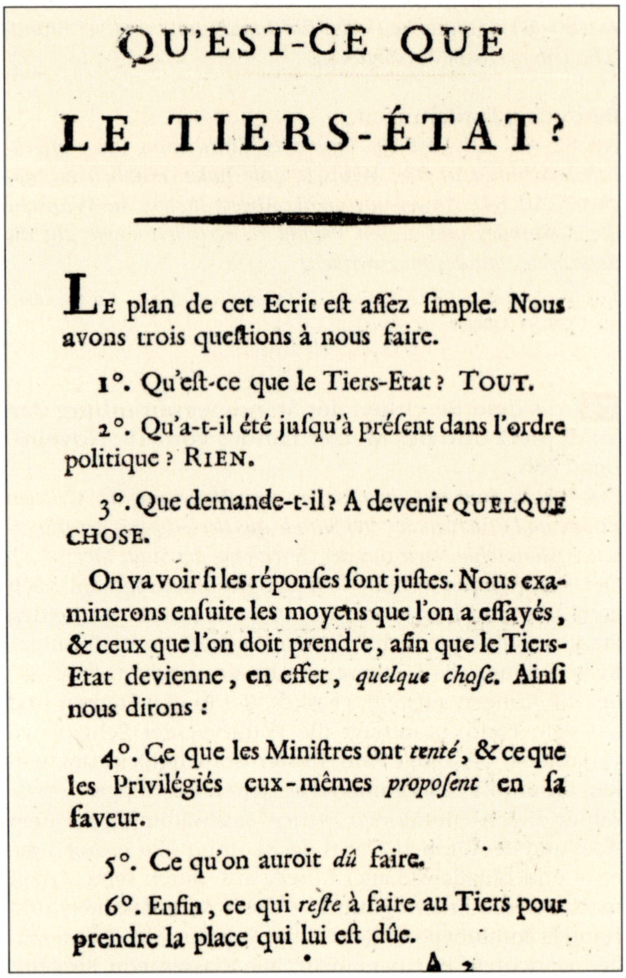

QU'EST-CE QUE LE TIERS-ÉTAT?

Le plan de cet Ecrit eſt aſſez ſimple. Nous avons trois queſtions à nous faire.

1°. Qu'eſt-ce que le Tiers-Etat? TOUT.

2°. Qu'a-t-il été juſqu'à préſent dans l'ordre politique? RIEN.

3°. Que demande-t-il? A devenir QUELQUE CHOSE.

On va voir ſi les réponſes ſont juſtes. Nous examinerons enſuite les moyens que l'on a eſſayés, & ceux que l'on doit prendre, afin que le Tiers-Etat devienne, en effet, *quelque choſe*. Ainſi nous dirons:

4°. Ce que les Miniſtres ont *tenté*, & ce que les Privilégiés eux-mêmes *propoſent* en ſa faveur.

5°. Ce qu'on auroit *dû* faire.

6°. Enfin, ce qui *reſte* à faire au Tiers pour prendre la place qui lui eſt dûe.

Faksimile des Originals.

***Aus dem weiteren Inhalt:***

Was ist eine Nation? Eine Gesellschaft, welche unter einem gemeinschaftlichen Gesetz lebt und durch ein und dieselbe gesetzgebende Versammlung vertreten wird. Ist es nicht eine Tatsache, dass der Adelstand Vorrechte und Privilegien genießt, welche er seine Rechte zu nennen sich erdreistet und welche von den Rechten des großen Ganzen der Bürger abgesondert sind? Er tritt dadurch aus der gemeinsamen Ordnung und dem gemeinschaftlichen Gesetz heraus. Also schon seine bürgerlichen Rechte machen aus ihm ein eigenes Volk in der Nation. [...]
Der Dritte Stand umfasst alles, was zur Nation gehört. Und alles, was nicht der Dritte Stand ist, kann sich nicht als ein Bestandteil der Nation betrachten. Was ist der Dritte Stand? Alles. [...]
Man kann das wahre Verlangen des Dritten Standes nur nach den authentischen Forderungen beurteilen, welche die großen Munizipalitäten[4] des Landes an die Regierung gerichtet haben. Was sieht man da? Dass das Volk Etwas, wirklich nur wenigstens Etwas sein will. Es will haben
1. wahre Stellvertreter bei den Generalständen, das heißt, Abgeordnete aus seinem Stand, welche die Ausleger seines Willens und die Verteidiger seines Interesses sein können. [...]
2. ebenso viele Stellvertreter wie die beiden anderen Stände zusammen. Da aber diese Gleichheit der Stellvertretung ganz trügerisch sein würde, wenn jeder Stand eine gesonderte Stimme hätte, so verlangt der Dritte Stand
3. dass die Stimmen nach den Köpfen und nicht nach den Ständen gezählt werden sollen.
[...] Die bescheidene Absicht des Dritten Standes ist, bei den Generalständen einen gleichen Einfluss wie die Privilegierten zu haben. [...]
Ich wiederhole es: Kann man weniger verlangen? Und ist es nicht klar, dass, wenn sein Einfluss nicht gleich ist, er nicht hoffen kann, aus seinem politischen Nichts herauszukommen, um Etwas zu werden? [...]
Eine politische Gesellschaft kann nichts anderes sein als die Gesamtheit ihrer Mitglieder. Eine Nation kann nicht entscheiden, dass sie nicht die Nation sein will oder dass sie es nur auf eine Art sein will; denn dies würde heißen, dass sie es auf keine andere Art sein kann. Ebenso kann eine Nation nicht festsetzen, dass ihr gemeinschaftlicher Wille aufhören wird, ihr gemeinschaftlicher Wille zu sein. Es ist gewiss traurig, diese Sätze vorbringen zu müssen, deren Einfachheit einfältig erscheint, wenn man nicht an die Folgerungen dächte, welche man daraus ziehen kann. Eine Nation kann also niemals festsetzen, dass die dem gemeinschaftlichen Willen, d.h. der Mehrheit gehörenden Rechte an die Minorität übergehen können. Der gemeinschaftliche Wille kann sich selbst nicht zerstören. Er kann die Natur der Dinge nicht ändern und bewirken, dass die Meinung der Minderheit die Meinung der Mehrheit sei. Man sieht wohl, dass eine solche Verordnung, statt eine gesetzliche und moralische Handlung zu sein, ein Akt der Narrheit sein würde. [...]
[Das Dargelegte] dürfte hinreichend beweisen, dass der Dritte Stand verpflichtet ist, für sich allein eine Nationalversammlung zu bilden und vor der Vernunft und dem Recht den Anspruch zu bekräftigen, den dieser Stand erheben könnte, nämlich: für die ganze Nation ohne Ausnahme zu beraten und abzustimmen.

Emmanuel Joseph Sieyes, Was ist der Dritte Stand? Essen 1988, S. 29, 34, 99. (Das Original Qu'est-ce que le Tiers Etat? erschien im Januar 1789.)

[4] Bezieht sich auf die Beschwerdehefte einiger Städte (= „Munizipalitäten"), in denen bereits Ende 1788 entsprechende Forderungen hinsichtlich der Zusammensetzung der Generalstände erhoben wurden.

## **27** Der Ballhausschwur am 20. Juni 1789

*Aus dem Protokoll der Versammlung des Dritten Standes im Ballhaus von Versailles:*

Herr Mounier äußert eine Ansicht, die von den Herren Target, Le Chapelier und Barnave unterstützt wird. Er legt dar, wie befremdlich es ist, dass der Saal der Generalstände durch Bewaffnete besetzt ist; dass man der Nationalversammlung keinen anderen Raum anbietet; [...] dass sie schließlich gezwungen wären, sich im Ballhaus, Rue du Vieux-Versailles, zu versammeln, um ihre Arbeiten nicht zu unterbrechen; dass sich die Vertreter der Nation, verletzt in ihren Rechten und in ihrer Würde, gewarnt von der ganzen Lebhaftigkeit des Ränkespiels und der Erbitterung, mit der man den König zu unheilvollen Maßnahmen drängen will, durch einen feierlichen Schwur an das Staatswohl und die Interessen des Vaterlandes binden sollten.
Dieser Vorschlag wird durch einmütigen Beifall gebilligt. Die Versammlung beschließt wie folgt:
Die Nationalversammlung beschließt in Anbetracht, zusammengerufen worden zu sein, um die Verfassung des Königreiches festzulegen, die Wiederherstellung der öffentlichen Ordnung zu bewerkstelligen und die wahren Grundsätze der Monarchie zu behaupten; dass nichts sie

hindern kann, ihre Beratungen fortzusetzen, an welchem Ort man immer sie zu tagen zwingt, und dass schließlich überall dort, wo ihre Mitglieder versammelt sind, die Nationalversammlung ist: Alle Mitglieder dieser Versammlung leisten sogleich einen feierlichen Eid, sich niemals zu trennen und sich überall, wo die Umstände es gebieten, zu versammeln, so lange, bis die Verfassung des Königreiches ausgearbeitet ist und auf festen Grundlagen ruht; alle Mitglieder, doch jeder für sich, bestätigen nach dem Ablegen besagten Eides diese unumstößliche Entschließung durch ihre Unterschrift.

Herr Bailly: Ich fordere für die Sekretäre und für mich, den Eid als erste zu leisten; sie tun es sofort mit folgender Formel:

„Wir schwören, uns niemals von der Nationalversammlung zu trennen und uns überall zu versammeln, wo die Umstände es gebieten, so lange, bis die Verfassung des Königreiches ausgearbeitet ist und auf festen Grundlagen ruht." Alle Mitglieder der Versammlung schwören dem Präsidenten den gleichen Eid in die Hand.

Nach der Veröffentlichung des Protokolls der Versammlung im Moniteur, I, 89f., W. Markov, Revolution im Zeugenstand, Bd. 2, Frankfurt a. M., Bd. 2, S. 70f.

### 28 Erklärung der Menschen- und Bürgerrechte vom 26. August 1789

Da die Vertreter des französischen Volkes, als Nationalversammlung eingesetzt, erwogen haben, dass die Unkenntnis, das Vergessen oder die Verachtung der Menschenrechte die einzigen Ursachen des öffentlichen Unglücks und der Verderbtheit der Regierungen sind, haben sie beschlossen, die natürlichen, unveräußerlichen und heiligen Rechte der Menschen in einer feierlichen Erklärung darzulegen, damit diese Erklärung allen Mitgliedern der Gesellschaft beständig vor Augen ist und sie unablässig an ihre Rechte und Pflichten erinnert; damit die Handlungen der gesetzgebenden wie der ausübenden Gewalt in jedem Augenblick mit dem Endzweck jeder politischen Einrichtung verglichen werden können und dadurch mehr geachtet werden; damit die Ansprüche der Bürger, fortan auf einfache und unbestreitbare Grundsätze begründet, sich immer auf die Erhaltung der Verfassung und das Allgemeinwohl richten mögen.

Infolgedessen erkennt und erklärt die Nationalversammlung in Gegenwart und unter dem Schutze des Allerhöchsten folgende Menschen- und Bürgerrechte:

Art. 1. Die Menschen sind und bleiben von Geburt frei und gleich an Rechten. Soziale Unterschiede dürfen nur im gemeinen Nutzen begründet sein.

Art. 2. Das Ziel jeder politischen Vereinigung ist die Erhaltung der natürlichen und unveräußerlichen Menschenrechte. Diese Rechte sind Freiheit, Eigentum, Sicherheit und Widerstand gegen Unterdrückung.

Art. 3. Der Ursprung jeder Souveränität ruht letztlich in der Nation. Keine Körperschaften, kein Individuum können eine Gewalt ausüben, die nicht ausdrücklich von ihr ausgeht.

Art. 4. Die Freiheit besteht darin, alles tun zu können, was einem anderen nicht schadet. So hat die Ausübung der natürlichen Rechte eines jeden Menschen nur die Grenzen, die den anderen Gliedern der Gesellschaft den Genuss der gleichen Rechte sichern. Diese Grenzen können allein durch Gesetz festgelegt werden.

Art. 5. Nur das Gesetz hat das Recht, Handlungen, die der Gesellschaft schädlich sind, zu verbieten. Alles, was nicht durch Gesetz verboten ist, kann nicht verhindert werden, und niemand kann gezwungen werden zu tun, was es nicht befiehlt.

Art. 6. Das Gesetz ist der Ausdruck des allgemeinen Willens. Alle Bürger haben das Recht, persönlich oder durch ihre Vertreter an seiner Formung mitzuwirken. Es soll für alle gleich sein, mag es beschützen, mag es bestrafen. Da alle Bürger in seinen Augen gleich sind, sind sie gleicher Weise zu allen Würden, Stellungen und Beamtungen nach ihrer Fähigkeit zugelassen ohne einen anderen Unterschied als den ihrer Tugenden und ihrer Talente.

Art. 7. Jeder Mensch kann nur in den durch das Gesetz bestimmten Fällen und in den Formen, die es vorschreibt, angeklagt, verhaftet und gefangen gehalten werden. [...]

Art. 8. Das Gesetz soll nur solche Strafen festsetzen, die offenbar unbedingt notwendig sind. Und niemand kann auf Grund eines Gesetzes bestraft werden, das nicht vor Begehung der Tat erlassen, verkündet und gesetzlich angewandt worden ist.

Art. 9. Da jeder Mensch so lange für unschuldig gehalten wird, bis er für schuldig erklärt worden ist, soll, wenn seine Verhaftung für unumgänglich erachtet wird, jede Härte, die nicht notwendig ist, um sich seiner Person zu versichern, durch Gesetz streng vermieden sein.

Art. 10. Niemand soll wegen seiner Meinungen, selbst religiöser Art, beunruhigt werden, solange ihre Äußerung nicht die durch das Gesetz festgelegte öffentliche Ordnung stört.

Art. 11. Die freie Mitteilung der Gedanken und Meinungen ist eines der kostbarsten Menschenrechte. Jeder Bürger kann also frei schreiben, reden und drucken unter Vorbehalt der Verantwortlichkeit für den Missbrauch dieser Freiheit in den durch das Gesetz bestimmten Fällen.

Art. 12–13. *[Über die bewaffnete Streitmacht: Sie untersteht der Nation und wird aus allgemeinen Steuern finanziert.]*

Art. 14. Alle Bürger haben das Recht, selbst oder durch ihre Abgeordneten die Notwendigkeit der öffentlichen Abgabe festzustellen, sie frei zu bewilligen, ihre Verwendung zu überprüfen und ihre Höhe, ihre Veranlagung, ihre Eintreibung und Dauer zu bestimmen.

Art. 15. Die Gesellschaft hat das Recht, von jedem öffentlichen Beamten Rechenschaft über seine Verwaltung zu fordern.

Art. 16. Eine Gesellschaft, in der die Verbürgung der Rechte nicht gesichert und die Gewaltenteilung nicht festgelegt ist, hat keine Verfassung.

Art. 17. Da das Eigentum ein unverletzliches und heiliges Recht ist, kann es niemandem genommen werden, wenn es nicht die gesetzlich festgelegte, öffentliche Notwendigkeit augenscheinlich erfordert und unter der Bedingung einer gerechten und vorherigen Entschädigung.

G. Franz, Staatsverfassungen, München 1950 und 1975; K. H. L. Pölitz Die europäischen Verfassungen seit dem Jahre 1789, Leipzig 1833; 2. Band, zit. nach: www.verfassungen.de/f/ferklärung89.htm

### 29 Olympe de Gouges: Die Rechte der Frau, 1791

Mann, bist du fähig, gerecht zu sein? Eine Frau stellt dir diese Frage. Dieses Recht wirst du ihr zumindest nicht nehmen können. Sag mir, wer hat dir die selbstherrliche Macht verliehen, mein Geschlecht zu unterdrücken? Deine Kraft? Deine Talente? Betrachte den Schöpfer in seiner Weisheit. Durchlaufe die Natur in all ihrer Majestät, die Natur, der du dich nähern zu wollen scheinst, und leite daraus, wenn du es wagst, ein Beispiel für diese tyrannische Herrschaft ab. [...] Suche, untersuche und unterscheide, wenn du es kannst, die Geschlechter in der Ordnung

der Natur. Überall findest du sie ohne Unterschied zusammen, überall arbeiten sie in einer harmonischen Gemeinschaft an diesem unsterblichen Meisterwerk.
Nur der Mann hat sich aus der Ausnahme ein Prinzip zurechtgeschneidert. Extravagant, blind, von den Wissenschaften aufgeblasen und degeneriert, will er diesem Jahrhundert der Aufklärung und Scharfsichtigkeit, doch in krassester Unwissenheit, despotisch über ein Geschlecht befehlen, das alle intellektuellen Fähigkeiten besitzt. Er möchte von der Revolution profitieren, er verlangt sein Anrecht auf Gleichheit, um nicht noch mehr zu sagen.

**Erklärung der Rechte der Frau und Bürgerin**
Von der Nationalversammlung am Ende dieser oder bei der nächsten Legislaturperiode zu verabschieden.

PRÄAMBEL
Wir, Mütter, Töchter, Schwestern, Vertreterinnen der Nation, verlangen, in die Nationalversammlung aufgenommen zu werden. In Anbetracht dessen, dass Unwissenheit, Vergesslichkeit oder Missachtung der Rechte der Frauen die alleinigen Ursachen öffentlichen Elends und der Korruptheit der Regierungen sind, haben wir uns entschlossen, in einer feierlichen Erklärung die natürlichen, unveräußerlichen und heiligen Rechte der Frau darzulegen, auf dass diese Erklärung allen Mitgliedern der bürgerlichen Gesellschaft ständig vor Augen, sie unablässig an ihre Rechte und Pflichten erinnert; auf dass die Machtausübung von Frauen ebenso wie jene von Männern jederzeit am Zweck der politischen Einrichtungen gemessen und somit auch mehr geachtet werden kann; auf dass die Beschwerden von Bürgerinnen, nunmehr gestützt auf einfache und unangreifbare Grundsätze, sich immer zur Erhaltung der Verfassung, der guten Sitten, und zum Wohl aller auswirken mögen.
Das an Schönheit wie Mut im Ertragen der Mutterschaft überlegene Geschlecht anerkennt und erklärt somit, in Gegenwart und mit dem Beistand des Allmächtigen, die folgenden Rechte der Frau und Bürgerin:
I. Die Frau ist frei geboren und bleibt dem Manne gleich in allen Rechten. Die sozialen Unterschiede können nur im allgemeinen Nutzen begründet sein.
II. Ziel und Zweck jedes politischen Zusammenschlusses ist der Schutz der natürlichen und unveräußerlichen Rechte sowohl der Frau als auch des Mannes. Diese Rechte sind: Freiheit, Sicherheit, das Recht auf Eigentum und besonders das Recht auf Widerstand gegen Unterdrückung.
III. Die Legitimität jeder Herrschaft ruht wesentlich in der Nation, die nichts anderes darstellt als eine Vereinigung von Frauen und Männern. Keine Körperschaft und keine einzelne Person kann Macht ausüben, die nicht ausdrücklich daraus hervorgeht.
IV. Freiheit und Gerechtigkeit bestehen darin, den anderen zurückzugeben, was ihnen gehört. So wird die Frau an der Ausübung ihrer natürlichen Rechte nur durch die fortdauernde Tyrannei, die der Mann ihr entgegensetzt, gehindert. Diese Schranken müssen durch Gesetze der Natur und Vernunft revidiert werden.
V. [Respektierung der Gesetze der Natur und Vernunft]
VI. Recht und Gesetz sollten Ausdruck des Gemeinwillens sein. Alle Bürgerinnen und Bürger sollen persönlich oder durch ihre Vertreter an ihrer Gestaltung mitwirken. Es muss für alle das gleiche sein. Alle Bürgerinnen und

**30** **„Bilder von Denkwürdigkeiten, die sich in der Revolution ereignet haben, welche in den Jahren 89, 90, 91 nach Frankreich gekommen ist“**, Holzschnitt von J.-B. Letourni.

Bürger, die gleich sind vor den Augen des Gesetzes, müssen gleichermaßen nach ihren Fähigkeiten, ohne andere Unterschiede als die ihrer Tugenden und Talente, zu allen Würden, Ämtern und Stellungen im öffentlichen Leben zugelassen werden.

VII.–IX. Für Frauen gibt es keine Sonderrechte; sie werden verklagt, in Haft genommen und gehalten, wo immer es das Gesetz vorsieht. Frauen unterstehen wie Männer den gleichen Strafgesetzen. [...]

X. Wegen seiner Meinung, auch wenn sie grundsätzlicher Art ist, darf niemand verfolgt werden. Die Frau hat das Recht, das Schafott zu besteigen. Sie muss gleichermaßen das Recht haben, die Tribüne zu besteigen, vorausgesetzt, dass ihre Handlungen und Äußerungen die vom Gesetz gewahrte öffentliche Ordnung nicht stören.

XI. Die freie Gedanken- und Meinungsäußerung ist eines der kostbarsten Rechte der Frau, denn diese Freiheit garantiert die Vaterschaft der Väter an ihren Kindern. Jede Bürgerin kann folglich in aller Freiheit sagen: „Ich bin die Mutter eines Kindes, das du gezeugt hast", ohne dass ein barbarisches Vorurteil sie zwingt, die Wahrheit zu verschleiern. Dadurch soll ihr nicht die Verantwortung für den Missbrauch dieser Freiheit in den Fällen, die das Gesetz bestimmt, abgenommen werden.

XII. Die Garantie der Rechte der Frau und Bürgerin soll dem allgemeinen Nutzen dienen. Diese Garantie soll zum Vorteil aller, und nicht zum persönlichen Vorteil derjenigen, denen sie anvertraut ist, sein.

XIII. Für den Unterhalt der Polizei und für die Verwaltungskosten werden von der Frau wie vom Manne gleiche Beträge gefordert. Hat die Frau teil an allen Pflichten und Lasten, dann muss sie ebenso teilhaben an der Verteilung der Posten und Arbeiten in niederen und hohen Ämtern und im Gewerbe.

XIV. Die Bürgerinnen und Bürger haben das Recht, selbst oder durch ihre Repräsentanten über die jeweilige Notwendigkeit der öffentlichen Beiträge zu befinden. Die Bürgerinnen können dem Prinzip, Steuern in gleicher Höhe aus ihrem Vermögen zu zahlen, nur dann beipflichten, wenn sie an der öffentlichen Verwaltung teilhaben und die Steuern, ihre Verwendung, ihre Einbeziehung und Zeitdauer mit festsetzen.

XV. Die weibliche Bevölkerung, die gleich der männlichen Beiträge leistet, hat das Recht, von jeder öffentlichen Instanz einen Rechenschaftsbericht zu verlangen.

XVI. Eine Gesellschaft, in der die Garantie der Rechte nicht gesichert und die Trennung der Gewalten nicht festgelegt ist, hat keine Verfassung. Es besteht keine Verfassung, wenn die Mehrheit der Individuen, die das Volk darstellt, an ihrem Zustandekommen nicht mitgewirkt hat.

XVII. Das Eigentum gehört beiden Geschlechtern vereint oder einzeln. Jede Person hat darauf ein unverletzliches und heiliges Anrecht. Niemandem darf es als eigentliches Erbteil vorenthalten werden, es sei denn, eine öffentliche Notwendigkeit, die rechtmäßig ausgewiesen wurde, mache es erforderlich, natürlich unter der Voraussetzung einer gerechten und vorher festgesetzten Entschädigung.

Susanne Petersen, Marktweiber und Amazonen, Köln 1987, S. 89–94.

## 31 Judenemanzipation im Elsass

Straßburg, den 20. Oktober. – Am Sonntage haben die christlichen und jüdischen Einwohner zu Bischheim die Vollendung der Constitution gemeinschaftlich gefeiert. In der jüdischen Synagoge wurde die Constitutionsakte von den vier ältesten Juden des Ortes auf einem roten seidenen Kissen getragen und auf den hohen Altar gelegt, wo gewöhnlich die heil. Schrift abgelesen wird. Dann wurden in der Synagoge verschiedene Lob- und Dankpsalme gesungen, und zuletzt auch das bekannte Revolutionslied: „Ah, ca ira". Darauf zogen Juden und Christen, Arm in Arm geschlungen, nach der Gemeindestube, wo sie der katholische konstitutionelle Priester des Ortes also anredete: „Mitbürger ohne Unterschied! Heute ist der Tag der Verbrüderung, atmet Menschen- und Bruderliebe, vereinigt euch innigst miteinander durch den Bürgereid. Hier legt eure Hand auf die Constitutionsakte!" Der erste, der den Bürgereid schwor, war ein Jude von etlichen 70 Jahren; ihm folgten alle anwesenden Christen und Juden nach [...].

Leipziger Zeitungen, Nr. 213, 1791, zit. nach: Markov, Revolution im Zeugenstand, Frankfurt a. M. 1987, Bd. 1, S. 183.

## 32 Jüdische Bevölkerung in Frankreich

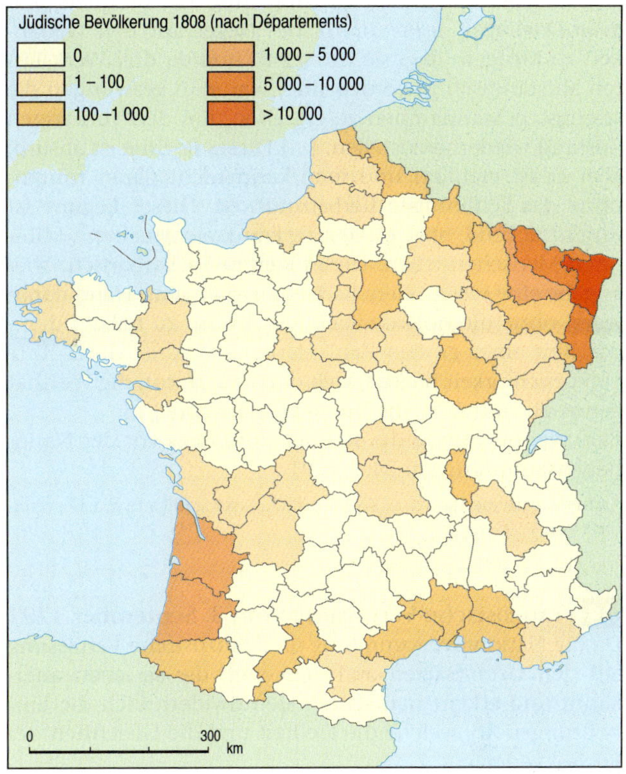


## 33 Barnave über die Sklavenbefreiung

*Im Mai 1791 hatte die Nationalversammlung in einem Dekret den freigelassenen Ex-Sklaven und den „Farbigen" (d. h. Mischlingen) das Bürgerrecht eingeräumt. Von Seiten den weißen Siedler war dies boykottiert worden. Am Ende ihrer Amtszeit sah sich die Konstiuante gezwungen, noch einmal die Frage der Kolonien zu behandeln. Mit dem Beschluss, die Kompetenz in dieser Frage den Versammlungen (de facto der Weißen) in den Kolonien selbst zu überlassen, revidierte sie ihren zaghaften Ansatz vom Mai.*

Von dem Moment an, wo der Neger, der, ungebildet, nur durch handfeste Vorurteile geleitet wird, von Beweggründen, die seine Sinne ansprechen oder mit seinen Gewohnheiten vermengt sind [...], vom Moment an, wo er glauben wird, dass er dem Weißen gleich ist oder zumindest derjenige, der zwischen ihnen ist, dem Weißen gleich ist, von da an wird es unmöglich, die Auswirkung des Meinungswandels zu berechnen. Wir haben die Beweise davon bei

der Ankunft Ihres Dekrets gesehen. Seine erste Wirkung war in den Gemeinden La Croix und Les Bosquets *[auf Saint-Domingue, heute Haiti]*, die Neger auf den Gedanken zu bringen, dass sie frei seien, und da drei Werkstätten aufständisch geworden sind, war man gezwungen die strengsten Maßnahmen zu ergreifen, um den vorherigen Zustand wiederherzustellen. [...] Dieses Regime ist absurd; aber es ist etabliert und man kann nicht daran rühren, ohne das Schlimmste herbeizuführen. Dieses Regime ist unterdrückend; aber es lässt in Frankreich mehrere Millionen Menschen leben. Dieses Regime ist barbarisch; aber es gäbe eine viel größere Barbarei, wollte man Hand daran legen ohne die notwendigen Kenntnisse zu haben; denn das Blut einer großen Zahl Menschen würde durch Ihre Unvorsichtigkeit fließen, weit davon entfernt, die Wohltat genossen zu haben, die Ihnen vorschwebte [...].
Barnave im Auftrag des Kolonialkomittees vor der Nationalversammlung am 24.9.1791

Archives parlementaires, t. XXXI, p.257.; www.gallica.fr, a.a.O., übersetzt von W. Geiger.

## 34 Französische Verfassung vom 3. September 1791

Da die Nationalversammlung die Französische Verfassung auf den Grundsätzen aufbauen will, die sie eben anerkannt und erklärt hat, schafft sie unwiderruflich die Einrichtungen ab, welche die Freiheit und die Gleichheit der Rechte verletzen.
Es gibt keinen Adel mehr, keinen Hochadel, keine erblichen Unterschiede, keine Standesunterschiede, keine Lehnsherrschaft, keine Patrimonialgerichtsbarkeiten, keine Titel, Benennungen und Vorrechte, die davon herrührten, keinen Ritterorden, keine Körperschaften oder Auszeichnungen, die Adelsproben erforderten oder die auf Unterschieden der Geburt beruhten, und keine andere Überlegenheit als die der öffentlichen Beamten in Ausübung ihres Dienstes.
Kein öffentliches Amt kann mehr gekauft oder ererbt werden.
Für keinen Teil der Nation, für kein Individuum gibt es mehr irgendein Privileg oder eine Ausnahme vom gemeinsamen Recht aller Franzosen.
Es gibt keine Zünfte mehr, keine Körperschaften von Berufen, Künsten oder Handwerken. Das Gesetz anerkennt keine geistlichen Gelübde noch irgendwelche andere Verbindlichkeiten, die den natürlichen Rechten oder der Verfassung entgegenstehen.

**Titel I. Grundeinrichtungen, von der Verfassung verbürgt**
Die Verfassung verbürgt als natürliche und bürgerliche Rechte:
1. dass alle Staatsbürger zu allen Stellungen und Beamtungen zugelassen sind ohne einen anderen Unterschied als den ihrer Tugenden und ihrer Talente;
2. dass alle Abgaben auf alle Bürger gleichmäßig unter Berücksichtigung ihrer Vermögensverhältnisse verteilt werden;
3. dass dieselben Verbrechen mit denselben Strafen belegt werden ohne irgendeinen Unterschied der Person.
Die Verfassung verbürgt gleichfalls als natürliche und bürgerliche Rechte: die Freiheit jedes Menschen zu gehen, zu bleiben, zu reisen, ohne verhaftet oder gefangengehalten zu werden als in den durch die Verfassung festgelegten Formen; die Freiheit jedes Menschen zu reden, zu schreiben, zu drucken und seine Gedanken zu veröffentlichen, ohne dass seine Schriften irgendeiner Zensur oder Aufsicht vor ihrer Veröffentlichung unterworfen sein dürfen, und den religiösen Kult auszuüben, dem er anhängt; die Freiheit der Bürger, sich friedlich und ohne Waffen zu versammeln [...].
Die Verfassung verbürgt die Unverletzlichkeit des Eigentums oder die gerechte und vorherige Entschädigung von dem, was die gesetzlich festgestellte, öffentliche Notwendigkeit als Opfer erfordert. [...]
Es soll eine allgemeine Einrichtung öffentlicher Hilfeleistungen geschaffen und gebildet werden, um verlassene Kinder zu erziehen, armen Kranken zu helfen und verarmten Gesunden, die sich keine Arbeit verschaffen können, diese zu besorgen.
Es soll ein öffentliches Schulwesen eingerichtet und gebildet werden, das für alle Bürger gemeinsam und in den Bereichen des Unterrichts, die für alle Menschen notwendig sind, kostenlos ist. Seine Anstalten sollen entsprechend der Einteilung des Königreiches auf die einzelnen Gebiete verteilt werden.
Es sollen Nationalfeste eingeführt werden, um die Erinnerung an die Französische Revolution zu bewahren, die Brüderlichkeit unter den Bürgern zu stärken und sie an die Verfassung, das Vaterland und die Gesetze zu binden.
Es soll ein Gesetzbuch der dem ganzen Königreich gemeinsamen bürgerlichen Gesetze geschaffen werden. [...]

**Titel III. Von den öffentlichen Gewalten**
Art. 1. Die Souveränität ist einheitlich, unteilbar, unveräußerlich und unverjährbar. Sie gehört der Nation. Kein Teil des Volkes und keine einzelne Person kann sich ihre Ausübung aneignen.
Art. 2. Die Nation, von der allein alle Gewalten ihren Ursprung haben, kann sie nur durch Übertragung ausüben.
Die französische Verfassung ist eine Repräsentativverfassung. Ihre Repräsentanten sind die gesetzgebende Körperschaft und der König.
Art. 3. Die gesetzgebende Gewalt ist einer Nationalversammlung übertragen, die aus Abgeordneten besteht, die durch das Volk frei und auf Zeit gewählt werden, um sie mit Billigung des Königs auf die Art auszuüben, die nachstehend bestimmt wird.
Art. 4. Die Regierung ist monarchisch. Die ausführende Gewalt ist dem König übertragen, um unter seiner Autorität durch die Minister und andere verantwortliche Beamte auf die Art ausgeübt zu werden, die nachstehend bestimmt wird.
Art. 5. Die richterliche Gewalt ist den durch das Volk auf Zeit gewählten Richtern übertragen.
**Kapitel I.** Von der gesetzgebenden Nationalversammlung
[...] *Abschnitt II. Urversammlungen. Bestellung der Wahlmänner*
Art. 1. Um die gesetzgebende Nationalversammlung zu wählen, treten die aktiven Bürger alle zwei Jahre in den Städten und den Kantonen zu Urversammlungen zusammen. [...]
Art. 2. Um aktiver Bürger zu sein, ist es notwendig: als Franzose geboren oder Franzose geworden zu sein, das 25. Lebensjahr vollendet zu haben, seinen Wohnsitz in der Stadt oder dem Kanton seit der durch das Gesetz festgelegten Zeit zu haben, in irgendeinem Orte des Königreiches eine direkte Steuer zu zahlen, die wenigstens dem Wert von drei Arbeitstagen gleichkommt und darüber eine Quittung vorzulegen, nicht dem Bedientenstand anzugehören, d.h. Lohndiener zu sein, im Rathaus seines Wohnsitzes in die Liste der Nationalgarde eingeschrieben zu sein, den Bürgereid geleistet zu haben. [...]

*Abschnitt III. Wahlversammlung. Wahl der Abgeordneten*

Art. 1. Die in jedem Departement gewählten Wahlmänner treten zusammen, um die Anzahl der Abgeordneten, die ihrem Departement zugeteilt ist, und eine Anzahl von Stellvertretern, die einem Drittel der Abgeordneten gleichkommt, zu wählen. [...]

**Kapitel II.** Vom Königtum, der Regentschaft und den Ministern

*Abschnitt 1. Vom Königtum und dem König*

[...] Art. 3. Es gibt in Frankreich keine Autorität, die über dem Gesetze steht. Der König regiert nur durch dieses. Und nur im Namen des Gesetzes kann er Gehorsam verlangen. [...]

**Kapitel III.** Von der Ausübung der gesetzgebenden Gewalt

[...] *Abschnitt III. Von der königlichen Bestätigung*

Art. 1. Die Beschlüsse der gesetzgebenden Körperschaft werden dem König vorgelegt, der ihnen seine Zustimmung verweigern kann.

Art. 2. Im Falle, dass der König seine Zustimmung verweigert, ist diese Verweigerung nur von aufschiebender Wirkung.

Wenn die beiden Legislaturperioden, die derjenigen folgen, die den Beschluss vorgelegt hat, nacheinander den gleichen Beschluss in der gleichen Fassung wieder vorlegen, so wird angenommen, dass der König seine Bestätigung erteilt hat. [...]

**Kapitel IV.** Von der Ausübung der vollziehenden Gewalt

Art. 1. Die oberste vollziehende Gewalt ruht ausschließlich in der Hand des Königs.

Der König ist der oberste Chef der allgemeinen Verwaltung des Königreiches. [...]

Der König ist der oberste Chef der Streitkräfte zu Wasser und zu Lande. [...]

**Kapitel V.** Von der richterlichen Gewalt

Art. 1. Die richterliche Gewalt kann in keinem Fall durch die gesetzgebende Körperschaft oder durch den König ausgeübt werden.

Art. 2. Die Rechtsprechung erfolgt kostenlos durch die auf Zeit durch das Volk gewählten und durch Patente des Königs, die er nicht verweigern kann, eingesetzten Richter.

Sie können nur wegen eines gehörig abgeurteilten Amtsvergehens abgesetzt und wegen einer zugelassenen Anklage suspendiert werden. Der öffentliche Ankläger wird durch das Volk gewählt. [...]

**Titel VI. Von den Beziehungen der französischen Nation zu fremden Nationen**

Die französische Nation verzichtet darauf, einen Krieg zu unternehmen, um Eroberungen zu machen. Sie wird ihre Streitkräfte niemals gegen die Freiheit eines anderen Volkes verwenden. [...]

G. Franz, Staatsverfassungen, München 1950 und 1975; K. H. L. Pölitz, Die europäischen Verfassungen seit dem Jahre 1789, 2. Bd., Leipzig 1833; zit. nach: www.verfassungen.de/f/fverf91.htm

**35 Die Verfassung der konstitutionellen Monarchie von 1791.**

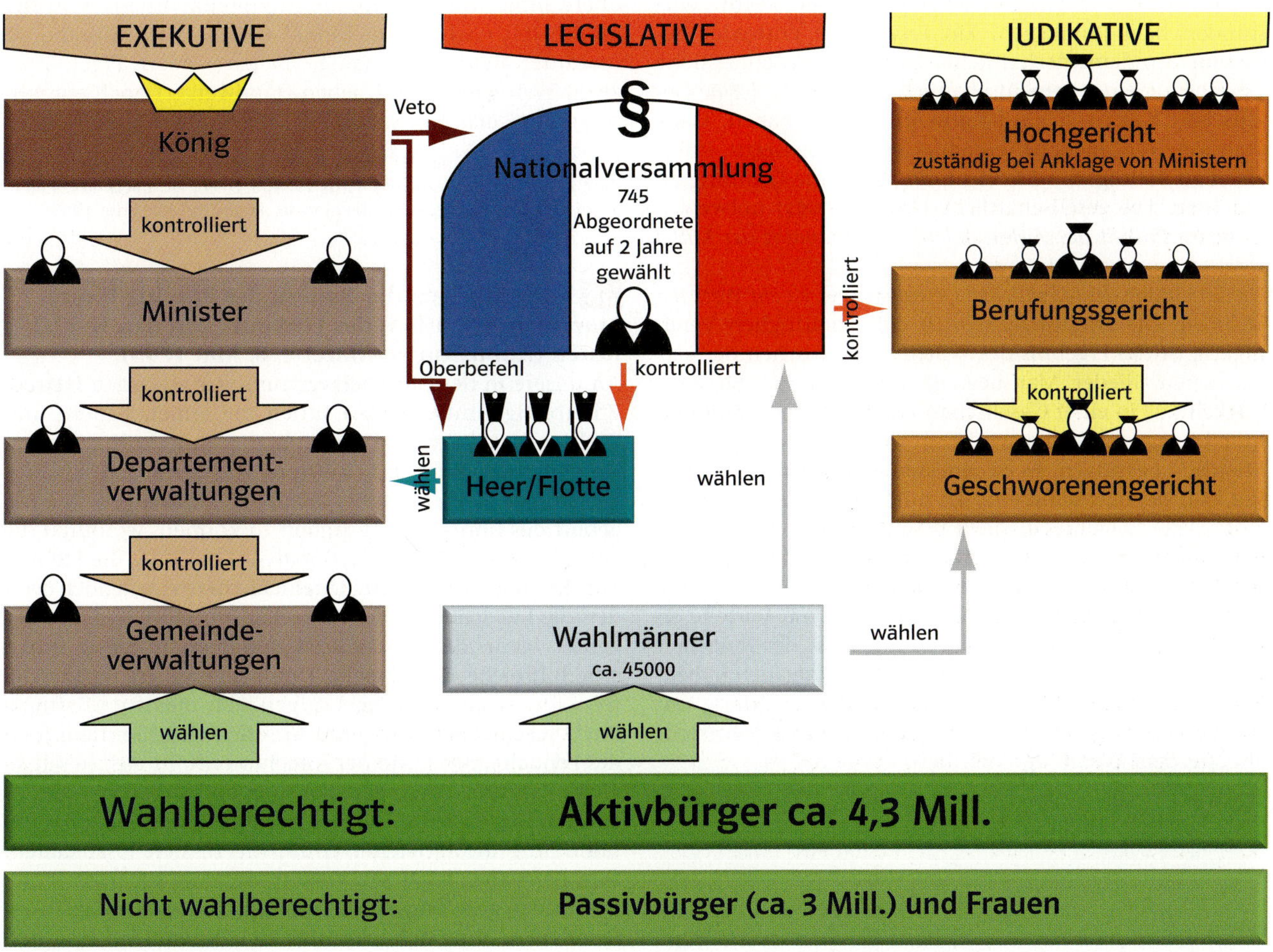

1

## 36 Abbé Sieyes: Erklärende Darstellung der Menschen- und Bürgerrechte

*Vortrag im Verfassungsausschuss der Nationalversammlung, anschließend gedruckt als „Einleitung zur Verfassung".*

[...] *Unterschied der gesellschaftlichen und der politischen Rechte*

Bis jetzt haben wir nur die *natürlichen* und die *gesellschaftlichen* Rechte der Bürger dargelegt; wir müssen noch die *politischen* untersuchen.

Der Unterschied dieser beiden Arten von Rechten besteht darin, daß die natürlichen und gesellschaftlichen Rechte diejenigen sind, zu deren Wahrung und Entwicklung die Gesellschaft gegründet worden ist, die politischen Rechte dagegen diejenigen, durch die sich die Gesellschaft bildet. Es ist um der Klarheit des Ausdrucks willen besser, die erste Art *passive*, die zweite *aktive* Rechte zu nennen.

*Passive und aktive Bürger*

Alle Einwohner eines Landes müssen in ihm die Rechte passiver Bürger besitzen: alle haben Anspruch auf Schutz ihrer Person, ihres Eigentums, ihrer Freiheit usw.; aber nicht alle haben Anspruch darauf, tätig an der Bildung der öffentlichen Gewalten teilzunehmen: nicht alle sind Aktivbürger. Die Frauen, zumindest im jetzigen Stadium, die Kinder, die Ausländer und auch diejenigen, die nichts zur öffentlichen Gewalt beitragen, dürfen keinen aktiven Einfluss auf das Gemeinwesen nehmen. Alle können die Vorteile der Gesellschaft genießen, aber allein diejenigen, die zur öffentlichen Gewalt etwas beitragen, sind gleichsam die eigentlichen Aktionäre des großen gesellschaftlichen Unternehmens. Sie allein sind die wahren Aktivbürger, die wahren Glieder der Gesellschaftsverbindung.

*Einheit des gesellschaftlichen Interesses*

Die Gleichheit der politischen Rechte ist ein Grundprinzip. Sie ist wie die Gleichheit der gesellschaftlichen Rechte heilig. Aus der Ungleichheit der politischen Rechte entstünden bald Privilegien. Ein Privileg ist entweder Befreiung von gemeinschaftlicher Last oder ausschließliche Gewährung eines gemeinschaftlichen Gutes. [...] *Eine* Gesellschaft kann nur ein Allgemeininteresse haben. Gäbe man vor, verschiedene, einander entgegengesetzte Interessen zu verfolgen, wäre es unmöglich, eine Ordnung zu errichten. Die gesellschaftliche Ordnung setzt notwendigerweise *Einheit des Zieles und Übereinstimmung der Mittel voraus*.

*Die Errichtung der öffentlichen Gewalten usw. ist ein Werk der Mehrheit.* Die öffentliche Gewalt einer politischen Vereinigung ist das Ergebnis des Willens der Mehrheit der verbundenen Glieder. Man begreift sehr wohl, daß Einstimmigkeit [...] in einer Gesellschaft von mehreren Millionen Individuen unmöglich wird [...]: man muß sich mit der Mehrheit begnügen. Es ist indessen gut, darauf hinzuweisen, daß es selbst dann eine Art mittelbare Einstimmigkeit gibt. Denn diejenigen, die einstimmig den Willen hatten sich zusammenzuschließen, um der Vorteile der Gesellschaft teilhaftig zu werden, haben auch einhellig alle Mittel gewollt, die nötig sind, um sich diese Vorteile zu verschaffen. Die Wahl der Mittel allein ist der Mehrheit vorbehalten – und alle, die ihre Stimme abzugeben haben, kommen von vornherein überein, die Entscheidung immer der Mehrheit zu überlassen [...] Gemeinwille entsteht also aus dem Willen der Mehrheit.

Emmanuel Joseph Sieyes, Politische Schriften 1788–1790, München/Wien (Oldenbourg) 1981, S. 251 f.

## 37 Fortsetzung der Revolution auf dem Lande 1790

*Ein Beispiel aus dem Département Charente-Inférieure (heute Charente-Maritime) in Westfrankreich.(Zusammenfassung von Jean-Noël Luc, 1984)*

Anlässlich der Neufestsetzung der Steuern weigert sich am 23. April 1790 in dem kleinen Ort Saint-Thomas einer der Notabeln des Ortes namens Martin, Notar, Gerichtsprokurator, Richter und Pächter mehrerer Ländereien und Grundherrschaften, seinen Anteil an der direkten Steuer zu erhöhen. Zwei Tage später wird seine Kirchenbank nach der Messe von den Dorfbewohnern demonstrativ in Stücke gehauen. Ein Verwaltungsbeamter erklärt der versammelten Menge, dass alle grundherrlichen Abgaben aufgehoben seien. Sofort greift eine Welle von Abgabenverweigerungen um sich. Während der Grundherr vergeblich versucht, den Beamten, der die Falschmeldung in die Welt gesetzt hat, zur Rede zu stellen, verbreitet sich in der Gemeinde das Gerücht, der Seigneur wolle diesen gefangensetzen und womöglich ermorden lassen. Umgehend wird die Sturmglocke geläutet, die Einwohner besetzen das Schloss, zerschlagen das Mobiliar und stecken etliche Nebengebäude in Brand. Der geflohene Grundherr wird in einem benachbarten Schloss aufgespürt und angeschossen, während das Schloss geplündert und zum Teil in Brand gesetzt wird. Innerhalb von zwei Tagen hat sich der Aufstand auf fünf Gemeinden ausgedehnt, die mit 500 bis 600 Leuten die Besitzungen von Martin, dem Pächter und Eintreiber der grundherrlichen Gefalle [=Abgabenpflichten], verwüsten. Danach zieht die Menge durch die Umgebung, bedroht weitere Schlösser, von denen sie zwei besetzen und die anwesenden Seigneurs zum Verzicht auf ihre Rechte zwingen kann. Am 2. Mai werden die Aufständischen von regulären Truppen und einer Bürgermiliz überwältigt. Von 120 inhaftierten Teilnehmern wird der größte Teil nach einem Monat freigelassen, während 42 (darunter neun spannfähige Bauern, neun Tagelöhner, zwölf Weinbauern und sieben Handwerker) noch ein Jahr später im Gefängnis sitzen.

Jean-Noël Luc, Paysans et droits féodaux en Charente-Inférieure pendant la Révolution française, Paris 1984, S. 164 f., zit. nach: Rolf Reichardt (Hg.), Die Französische Revolution, Freiburg/Würzburg 1988.

## 38 Vorhaltungen der Bauern der Provinz Haute-Marche hinsichtlich des Loskaufs von den Feudallasten (Aubusson-en-Marche, 8. Mai 1790)

An unsere in der Nationalversammlung tagenden Herren! Ehrerbietigst unterbreiten Ihnen die armen Bauern und Pächter der Provinz Haute-Marche ihre Vorhaltungen. Sie verleihen darin der Hoffnung Ausdruck, sich als Bürger einiger kleiner Anteile an dieser großartigen Wiedergeburt des Königreichs erfreuen zu können, wo durch die Dekrete der erlauchten Nationalversammlung die Freiheit angekündigt worden ist. Unglücklicherweise jedoch werden die Erwartungen der Bittsteller nur dann in Erfüllung gehen, wenn die erlauchte Nationalversammlung ihnen eine hilfreiche Hand reicht. Denn sie merken, dass weder sie selbst noch ihre Angehörigen sich dieser großartigen Freiheit jemals erfreuen und für alle Zeit unter dem Joch des Feudalregimes und der Knechtschaft, in das sie seit so vielen Jahrhunderten gepresst sind, verbleiben werden.

Es ist wahr, dass die Dekrete der erlauchten Nationalversammlung die Bittsteller ermächtigen, sich loszukaufen. Wie dem aber auch sei: Gewiss ist, dass sie trotz dieser Beschlüsse gezwungen sein werden, in Knechtschaft weiterzuleben, ohne sich loskaufen zu können. Und zwar deshalb, weil die erlauchte Nationalversammlung für den Loskauf von den Abgaben, die angeblich den Grundherren der Lehen geschuldet sind, einen außerordentlich hohen Preis festgesetzt hat: [...] Und das um so mehr, als die erlauchte Nationalversammlung durch ihre Dekrete den Bittstellern Fesseln angelegt hat, indem sie bestimmte, dass sich dort, wo die Abgaben gemeinschaftlich entrichtet werden, eine einzelne Person nicht loskaufen darf, falls die anderen dazu nicht in der Lage sind; es sei denn, dass derjenige, der sich freikaufen möchte, die ganze Ablösungssumme für die gesamten Abgaben entrichtet. Dieser Paragraph führt den schlüssigen Beweis, dass die Unglückseligen stets unter dem Joch der Knechtschaft verbleiben werden, da sie außerstande sind, die Ablösungssumme für die gesamten Abgaben aufzubringen. Gnädige Herren! Angesichts dieser Umstände ersuchen die Bittsteller die erlauchte Nationalversammlung, Barmherzigkeit walten zu lassen. Sie möge nicht allein den Preis für die Ablösung der in Getreide zu entrichtenden Abgaben herabsetzen, sondern ebenfalls den Preis für den Freikauf von den Sonderabgaben, der so hoch veranschlagt worden ist. Die Bittsteller ersuchen die erlauchte Nationalversammlung außerdem, jedermann die Vollmacht zu erteilen, sich loskaufen zu dürfen, selbst wenn die anderen dazu außerstande sind, und besonders dann, wenn sich sein Anteil am Loskauf auf 600 Livres und mehr belaufen wird. In diesem Falle wird der Grundherr keine Klage führen können, sobald er die angemessene Summe empfangen haben wird.

Markov, Revolution im Zeugenstand, Bd. 2, Frankfurt a. M. 1987, S. 135–137.

### 39 Probleme der Revolution auf dem Land. Ein Beispiel aus Limours, 1. März 1792

Wir, der Bürgermeister und die Beamten der Gemeinde Limours, sind um 4 Uhr nachmittags in unseren Amtsräumen zusammengekommen, um über die Ereignisse zu beratschlagen, die sich heute morgen um halb 12 Uhr auf dem Marktplatz zugetragen hatten, als wir dort in Ausübung unserer täglichen Amtsgeschäfte weilten, um die geziemende Ordnung aufrechtzuerhalten.

Ganz überraschend war eine Schar bewaffneter Leute erschienen, etwa 200 an der Zahl, sie trugen entweder Degen und Säbel oder Piken, Pistolen und Gewehre, auf welche die meisten ihre Bajonette gepflanzt hatten; an ihrer Spitze zwei Beilscheiden unter Trommelschlag. Nachdem sie auf dem Kornmarkt erschienen waren, bildeten sie um die Kornhaufen herum einen Kreis. Als ihr Anführer der Schar Halt geboten hatte und sie unter Waffen in Ruhestellung treten ließ, waren wir an den Anführer herangetreten und hatten ihn gefragt, wie die Befehle lauteten, die sie erhalten hätten, um sich auf diese Art und Weise aufführen zu können. Er erwiderte, über keine Befehle zu verfügen. Jedoch befände sich unter ihnen der Bürgermeister der Gemeinde Fontenay, Germain Debout mit Namen, der uns die Befehle kundtun würde. Nachdem wir uns besagtem Debout vorgestellt hatten, haben wir an ihn die gleiche Frage gerichtet. Er gab uns zur Antwort, keinerlei Befehl zu haben. Heute morgen hätten sich in seinem Hause eine Anzahl bewaffneter Leute eingefunden und ihm mitgeteilt, er müsse sie zum Markt nach Limours begleiten, um dort dafür Sorge zu tragen, dass das Getreide zu einem angemessenen Preis feilgeboten wird. Als Debout den Leuten das Gesetz vor Augen geführt hatte, das Zusammenrottungen und eine zwangsweise Festsetzung des Getreidepreises verbietet, haben sie ihm lediglich geantwortet, er müsse dorthin mitkommen. Andernfalls hätten sie genügend Stricke, um ihn aufzuhängen. Auf solche Art und Weise eingeschüchtert, hätte er sich den Drohungen gefügt. Der Anführer war durch ebensolche Drohungen zum Mitkommen gezwungen worden. Die mit ihnen hier anwesenden Bürgermeister, Beamten und Prokuratoren der Gemeinden, aus denen die Bewaffneten stammten, seien gleichfalls unter Zwang mitgekommen. Nachdem die Bauern und Pächter auf Ankündigung des Gemeinderates dieses Ortes, die wie gewöhnlich durch Trommelschlag erfolgte, ihre Kornsäcke aufgebunden hatten, erklärten die Bewaffneten, dass der Preis für den Sester Korn erster Güte nur 22 bis 23 Livres betragen dürfe, für die gleiche Menge der zweiten Qualität zwischen 18 und 20 und für den Sester Mischkorn 16 Livres. Sie erzwangen den Verkauf des Korns gemäß dieser Anordnung, obwohl die Bauern ihr Getreide für 28, 26 und 24 Livres den Sester – entsprechend den Preisen des letzten Markttages – feilgeboten hatten. Nachdem alles auf dem Marktplatz zum Verkauf angebotene Getreide verteilt worden war, begab sich die bewaffnete Schar in Begleitung der Bürgermeister der angeführten Gemeinden zur Durchsuchung in mehrere Kornspeicher. Besonders nahmen sie den Speicher des Herrn Bascou in Augenschein, Maurer in diesem Ort, und den gemieteten von Herrn Lecoq, Müller der Mühle des Echelettes, Gemeinde Longvilliers. In Lecoqs Speicher befanden sich etwa 12 Sester Weizen erster Qualität, die Lecoq am davorigen Markttag gekauft hatte. Davon haben sie einen halben Scheffel dem in unserer Gemeinde wohnenden Claude Fourneau Sohn, Leinenweber von Beruf, abgefüllt, der daraufhin versprach, dieses Getreide zu bezahlen, was er schriftlich bestätigt hat. Nun haben wir Gemeindebeamten den Bewaffneten vorgehalten, dass niemand über das Recht verfügt, sich dieses Getreides zu bemächtigen, da es von einer Einzelperson gekauft und bezahlt worden ist. Als Erwiderung drohte man, uns aufzuhängen. Als wir bemerkten, dass der Aufruhr anwuchs und sich die Gemüter erhitzten, zogen wir uns in unsere Amtsräume zurück, wo wir in Erkenntnis der Notwendigkeit beschlossen haben, den Herren Administratoren des Distrikts Versailles Kenntnis von den Ereignissen zu geben.

Markov, Revolution im Zeugenstand, Bd. 2, Frankfurt a. M. 1987, S. 228 f.

### 40 Brissots Rede zum Krieg am 16. 12. 1791

Die Frage, die einer Prüfung unterzogen werden muss, ist die, ob wir die deutschen Fürsten, die den Emigranten Hilfe leisten, angreifen sollen oder ob wir ihre Invasion abwarten müssen. Anfangs schien es nicht so, als ob diese Frage unter den Patrioten eine Meinungsverschiedenheit zur Folge haben sollte. Mittlerweile gibt es jedoch eine solche. Die Gemüter sind voll von Vorurteilen und Vermutungen. [...] Ich bin in der Absicht hierhergekommen, nicht alle Vorschläge des [Kriegs-]Ministers, die meines Erachtens zu weit gehen, zu verteidigen. Jedoch bin ich hergeeilt, um die Kriegserklärung gegen die deutschen Fürstlein zu unterstützen. [...] Die Kraft der Überlegung und der Tatsachen hat mich davon überzeugt, dass ein Volk, das nach 10 Jahrhunderten der Sklaverei die Freiheit errungen hat, Krieg führen muss. Es muss Krieg führen, um die Freiheit auf unerschütterliche Grundlagen zu stellen; es muss Krieg führen, um die Freiheit von den Lastern des Despotismus rein zu waschen, und es muss schließlich Krieg führen, um aus seinem Schoß jene Männer zu entfernen, die die Freiheit verderben könnten. Segnet den Himmel, dass er selber dafür gesorgt und

1

euch Zeit gegeben hat, eure Verfassung auf feste Grundlagen zu stellen. Ihr müsst die Rebellen züchtigen, und ihr seid dafür stark genug. Fasst also den Beschluss, das zu tun. […] Alle hier anwesenden Abgeordneten sollten eine einheitliche Meinung haben. Welch ein Unglück wäre es, gäbe es unter uns Meinungsverschiedenheiten in dieser Angelegenheit, die über Frankreichs Glück entscheiden wird. In den letzten zwei Jahren hat Frankreich alle gütlichen Mittel ausgeschöpft, um die Rebellen in seinen Schoß zurückzuführen. Alle Versuche, alle Aufforderungen sind fruchtlos gewesen; sie setzen ihren Aufruhr fort. Die fremden Fürsten halten beharrlich daran fest, sie zu unterstützen. Dürfen wir noch zögern, sie anzugreifen? Unsere Ehre, unser öffentliches Ansehen, die Notwendigkeit, unsere Revolution auf unerschütterliche Grundlagen zu stellen und sie mit besseren Sitten zu versehen, alles das schreibt uns das Gesetz vor. Wäre Frankreich nicht entehrt, wenn es nach Vollendung seiner Verfassung eine Handvoll Verschwörer duldete, die seiner Regierung hohnsprechen? Wäre es nicht entehrt, wenn es Beleidigungen hinnähme, die ein Despot keine zwei Wochen ertragen hätte? Ein Ludwig XIV. erklärte Spanien den Krieg, weil sein Botschafter durch den spanischen beleidigt worden war. Und wir, die wir frei sind, sollten einen Augenblick unschlüssig sein?
[…] Welches Ergebnis wird dieser Krieg haben? Er muss uns entweder rächen, oder wir müssen uns bescheiden, der Schandfleck aller Nationen zu sein; er muss uns rächen, indem wir diese Räuberbande austilgen, oder wir werden es uns gefallen lassen müssen, die Spaltungen, Verschwörungen und Verwüstungen fortdauern und die Unverschämtheit unserer Aristokraten mehr denn je ausufern zu sehen. Sie bauen auf die Armee in Koblenz*, und daher rührt ebenfalls die Halsstarrigkeit unserer Fanatiker. Wenn ihr mit einem einzigen Streich die Aristokratie, die eidverweigernden Priester und die Missvergnügten austilgen wollt, dann müsst ihr Koblenz in Schutt und Asche legen. Das Oberhaupt der Nation wird dann genötigt sein, gemäß der Verfassung zu regieren, sein Heil nur in seiner Verfassungstreue zu erblicken und sein Verhalten einzig und allein nach ihr auszurichten.

Markov, Revolution im Zeugenstand, Bd. 2, Frankfurt a. M. 1987, S. 198 ff.

* Die im Aufbau befindliche Emigrantenarmee.

**41 In Straßburg gedrucktes Flugblatt,** August 1791.

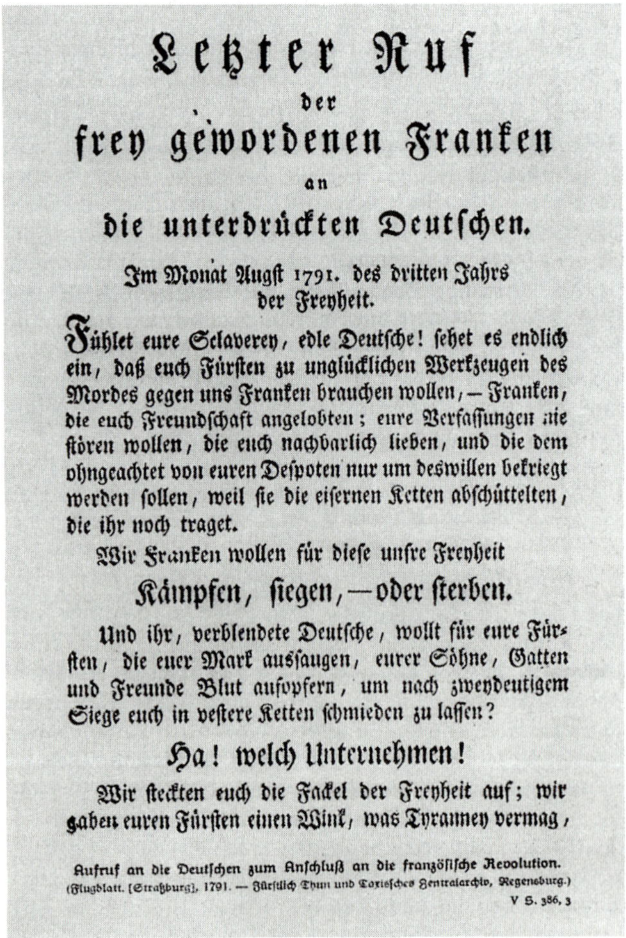

Letzter Ruf
der
frey gewordenen Franken
an
die unterdrückten Deutschen.

Im Monat Augst 1791. des dritten Jahrs der Freyheit.

Fühlet eure Sclaverey, edle Deutsche! sehet es endlich ein, daß euch Fürsten zu unglücklichen Werkzeugen des Mordes gegen uns Franken brauchen wollen, – Franken, die euch Freundschaft angelobten; eure Verfassungen nie stören wollen, die euch nachbarlich lieben, und die dem ohngeachtet von euren Despoten nur um deswillen bekriegt werden sollen, weil sie die eisernen Ketten abschüttelten, die ihr noch traget.

Wir Franken wollen für diese unsre Freyheit

Kämpfen, siegen, – oder sterben.

Und ihr, verblendete Deutsche, wollt für eure Fürsten, die euer Mark aussaugen, eurer Söhne, Gatten und Freunde Blut aufopfern, um nach zweydeutigem Siege euch in vestere Ketten schmieden zu lassen?

Ha! welch Unternehmen!

Wir steckten euch die Fackel der Freyheit auf; wir gaben euren Fürsten einen Wink, was Tyranney vermag,

Aufruf an die Deutschen zum Anschluß an die französische Revolution.
(Flugblatt. [Straßburg], 1791. – Fürstlich Thurn und Taxisches Zentralarchiv, Regensburg.)
V S. 386, 3

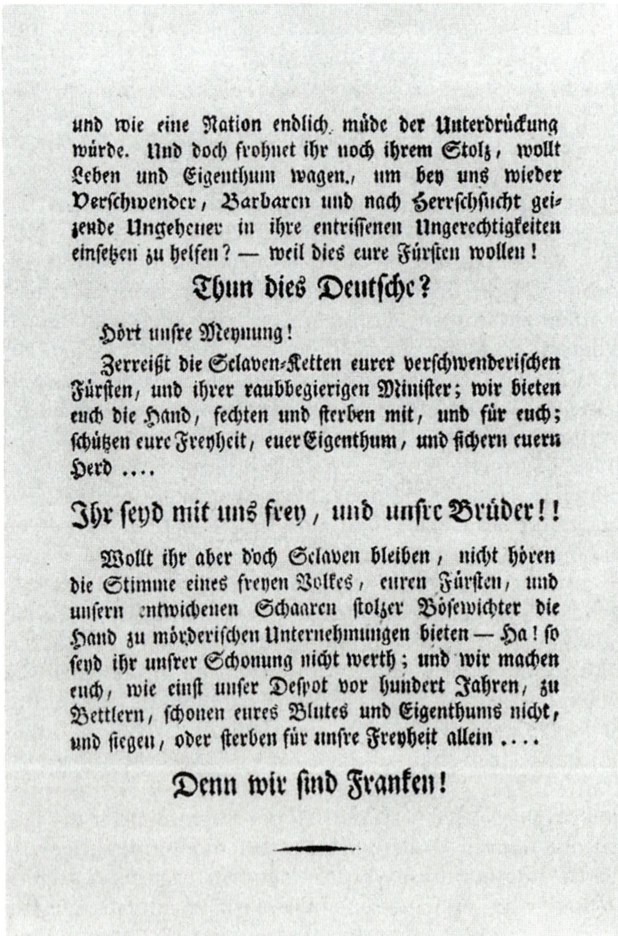

und wie eine Nation endlich müde der Unterdrückung würde. Und doch frohnet ihr noch ihrem Stolz, wollt Leben und Eigenthum wagen, um bey uns wieder Verschwender, Barbaren und nach Herrschsucht geizende Ungeheuer in ihre entrissenen Ungerechtigkeiten einsetzen zu helfen? – weil dies eure Fürsten wollen!

Thun dies Deutsche?

Hört unsre Meynung!

Zerreißt die Sclaven-Ketten eurer verschwenderischen Fürsten, und ihrer raubbegierigen Minister; wir bieten euch die Hand, fechten und sterben mit, und für euch; schützen eure Freyheit, euer Eigenthum, und sichern euern Herd ....

Ihr seyd mit uns frey, und unsre Brüder!!

Wollt ihr aber doch Sclaven bleiben, nicht hören die Stimme eines freyen Volkes, euren Fürsten, und unsern entwichenen Schaaren stolzer Bösewichter die Hand zu mörderischen Unternehmungen bieten – Ha! so seyd ihr unsrer Schonung nicht werth; und wir machen euch, wie einst unser Despot vor hundert Jahren, zu Bettlern, schonen eures Blutes und Eigenthums nicht, und siegen, oder sterben für unsre Freyheit allein ....

Denn wir sind Franken!

1

## 42 Proklamation von General Custine in Mainz, 27.10.1792.

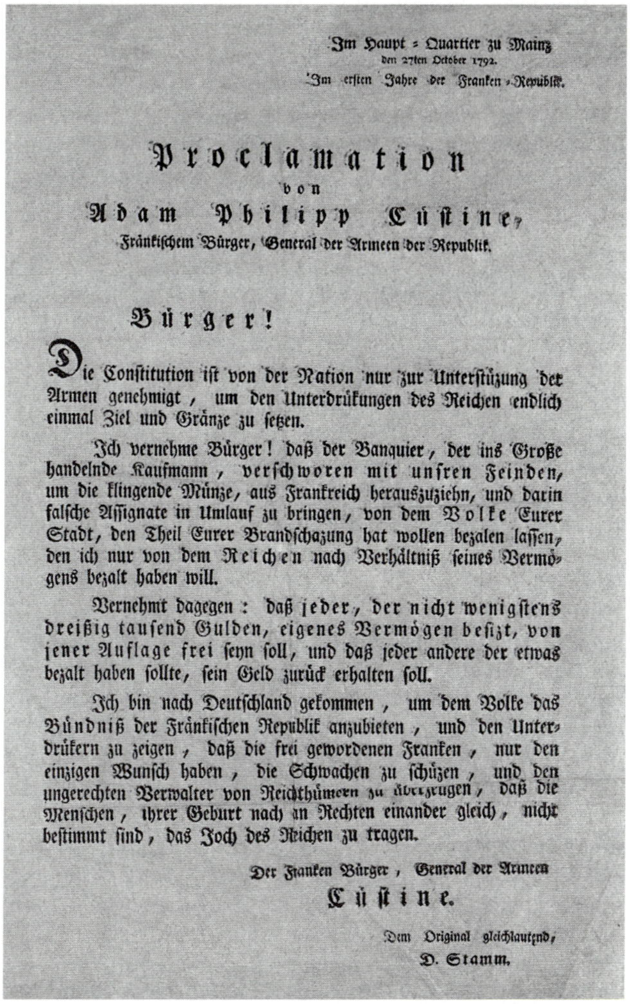

Im Haupt = Quartier zu Mainz
den 27ten October 1792.
Im ersten Jahre der Franken = Republik.

Proclamation
von
Adam Philipp Cüstine,
Fränkischem Bürger, General der Armeen der Republik.

Bürger!

Die Constitution ist von der Nation nur zur Unterstüzung der Armen genehmigt, um den Unterdrükungen des Reichen endlich einmal Ziel und Gränze zu setzen.

Ich vernehme Bürger! daß der Banquier, der ins Große handelnde Kaufmann, verschworen mit unsren Feinden, um die klingende Münze, aus Frankreich herauszuziehn, und darin falsche Assignate in Umlauf zu bringen, von dem Volke Eurer Stadt, den Theil Eurer Brandschazung hat wollen bezalen lassen, den ich nur von dem Reichen nach Verhältniß seines Vermögens bezalt haben will.

Vernehmt dagegen: daß jeder, der nicht wenigstens dreißig tausend Gulden, eigenes Vermögen besizt, von jener Auflage frei seyn soll, und daß jeder andere der etwas bezalt haben sollte, sein Geld zurück erhalten soll.

Ich bin nach Deutschland gekommen, um dem Volke das Bündniß der Fränkischen Republik anzubieten, und den Unterdrükern zu zeigen, daß die frei gewordenen Franken, nur den einzigen Wunsch haben, die Schwachen zu schüzen, und den ungerechten Verwalter von Reichthümern zu überzeugen, daß die Menschen, ihrer Geburt nach an Rechten einander gleich, nicht bestimmt sind, das Joch des Reichen zu tragen.

Der Franken Bürger, General der Armeen
Cüstine.

Dem Original gleichlautend,
D. Stamm.

## 44 Anrede des Bürgers Merlin in Mainz am 12.1.1793

Titelblatt der gedruckten Rede von Anton Merlin aus Thionville, „Kommissar der Nationalkonvention bei den Armeen am Rhein, im Vogesischen Gebirg und an der Mosel“, in der Gesellschaft der Freunde der Freiheit [und] Gleichheit zu Mainz.

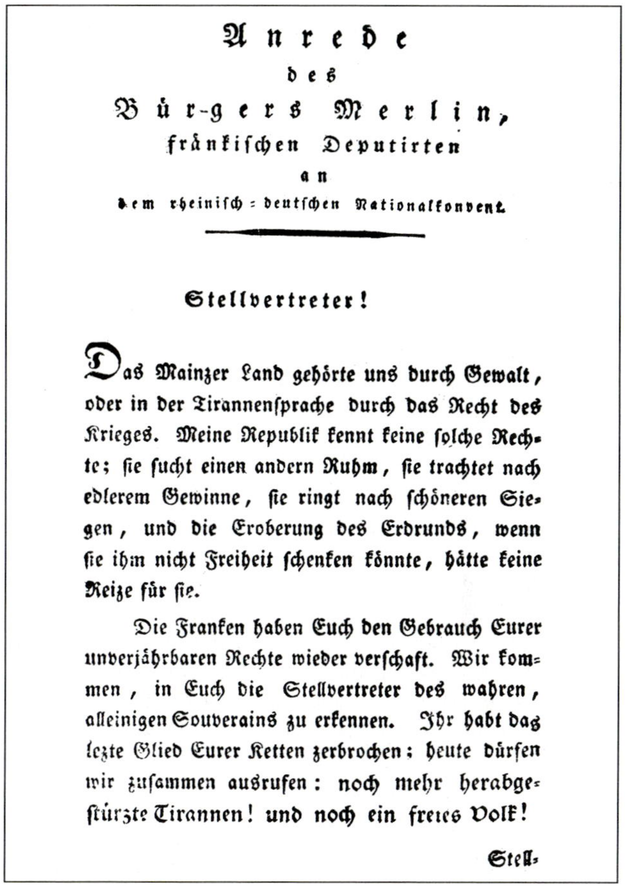

Anrede
des
Bürgers Merlin,
fränkischen Deputirten
an
dem rheinisch = deutschen Nationalkonvent.

Stellvertreter!

Das Mainzer Land gehörte uns durch Gewalt, oder in der Tirannensprache durch das Recht des Krieges. Meine Republik kennt keine solche Rechte; sie sucht einen andern Ruhm, sie trachtet nach edlerem Gewinne, sie ringt nach schöneren Siegen, und die Eroberung des Erdrunds, wenn sie ihm nicht Freiheit schenken könnte, hätte keine Reize für sie.

Die Franken haben Euch den Gebrauch Eurer unverjährbaren Rechte wieder verschaft. Wir kommen, in Euch die Stellvertreter des wahren, alleinigen Souverains zu erkennen. Ihr habt das lezte Glied Eurer Ketten zerbrochen: heute dürfen wir zusammen ausrufen: noch mehr herabgestürzte Tirannen! und noch ein freies Volk!

Stell=

## 43 Brief eines Soldaten: Sergeant Brault an seine Angehörigen

Lager von Bambecque, 12. Thermidor, 2. republikanisches Jahr [30. Juli 1794].

[...] Ohne Aufenthalt setzen wir unsern Marsch auf Maestricht und Breda fort; die Holländer werden zwar vielleicht einigen Widerstand leisten, aber mit unsrer republikanischen Methode, das heißt im Sturmangriff mit aufgepflanztem Bajonett, werden wir sie schließlich zwingen, über den Rhein zurückzugehen; dort, denke ich, werden wir ins Winterquartier gehen. Wenn aber die Nordarmee nicht aufhört, Siege zu erringen, so hat sie darum den andern Armeen der Republik nichts vorzuwerfen.

Alle in gleicher Weise, jede an ihrer Stelle, sind siegreich und verjagen den Feind mit der gleichen Beherztheit; mit welcher Genugtuung haben sie aber auch ihr Verdienst ums Vaterland anerkannt gesehen! Wie sollte man nicht der wackere Soldat einer Nation sein, die so großmütig ist, und nicht mit Vergnügen all seine Kräfte zu ihrer Verteidigung aufbieten! Selbst das Opfer des Lebens, des teuersten, was wir in der Welt haben, zählt nichts für eine so schöne Sache! Das Vaterland ist in großer Gefahr gewesen; daran waren nur Verräter schuld, nicht seine Verteidiger; sowie ihr Kopf zum Preis ihres Verrats geworden ist, hat man bemerkt, dass es sie bald los sein konnte.

Welche reichen Schätze wird das Vaterland nicht aus all diesen Ländern ziehen, in denen alle Städte entsprechend ihren Mitteln tributpflichtig sind, ohne das Korn zu rechnen, das wir ernten, und die Ochsen und Kühe, die zur Ernährung der Armee requiriert werden. Zur Zeit des niederträchtigen Dumouriez[1] mussten Lebensmittel aller Art aus Frankreich hinausgehen; das war ein Beweis des Verrats, weil ein erobertes Land seinen Siegern, soweit es möglich ist, Lebensmittel liefern muss, ohne das Geld zu rechnen, mit dem es ihre Kassen speisen muss; das ist immer eine a-conto-Zahlung auf die Kriegskosten, die die Besiegten zahlen müssen.

Diese stolzen Engländer, Hannoveraner, diese Preußen, die sich rühmen, die besten Soldaten Europas zu sein und die man im vorigen Jahr sogar noch zu fürchten schien, fliehen in Auflösung vor denen, die sie Carmagnolen[2] nennen. Sie geben als Grund an, wir hätten keine militärische Taktik und so dürfte man nicht Krieg führen. Sie wollen uns jedenfalls vorwerfen, wir müssten rücksichtsvoller sein, wenn wir ihre Städte nehmen; sie wollen uns sagen, wir wären zu hitzig in der Verfolgung und gönnten ihnen keine Rast; so dürften wir nicht vorgehen. Wenn man einen ehrlichen Krieg führt, darf man nichts schonen und muss sich immer selbst zu übertreffen suchen, und mit dieser republikanischen Taktik haben wir Belgien, die Pfalz, Piemont erobert, Landrecies befreit, und mit dieser Methode werden Condé und Valenciennes[3] Frankreich zurückgegeben und die Besatzungen für ihren Widerstand bestraft werden. Als der Kommandant der Festung

Condé sich nach der Aufforderung, wenn die Besatzung sich nicht binnen vierundzwanzig Stunden ergäbe, würde kein einziger geschont werden, sofort ergab, könnt er sich nicht enthalten zu sagen: „Ich kann wahrhaftig nicht begreifen, wie man derart Krieg führen kann." Es ist sehr hart für so hochmütige Männer, der ersten Aufforderung von Republikanern zu gehorchen; sie mögen reden, was sie wollen, eben diese unsre republikanische Art wird uns zum Siege führen. Freie Männer, die geschworen haben, zu siegen oder zu sterben, kennen keine andre.

Briefe aus der Französischen Revolution, ausgewählt, übersetzt und erläutert von Gustav Landauer, Frankfurt a. M. 1990, S. 675 f.

1 Erfolgloser General, aufgrund seiner monarchistischen Gesinnung des Verrats verdächtigt.

2 Nach dem Revolutionslied La Carmagnole des Rois.

3 Orte und Festungen in Nordfrankreich.

### 45 Aufruf Bonapartes an die Italienarmee

Nizza, Hauptquartier, 27. 3. 1796

Soldaten!

Ihr seid ohne Kleidung und schlecht ernährt. Die Regierung schuldet euch viel, aber sie kann euch nichts geben. Bewundernswürdig sind eure Geduld und der Mut, den ihr inmitten dieser Felsen beweist, doch verschaffen sie euch weder Ruhm noch Glanz. Ich will euch in die fruchtbarsten Ebenen der Welt führen. Reiche Provinzen und große Städte werden in eure Hände fallen; hier werdet ihr Ehre, Kriegsruhm und Reichtümer ernten. Sollte es euch, Soldaten der Italienarmee, an Tapferkeit oder Ausdauer fehlen?

Markov, Revolution im Zeugenstand, Bd. 2, Frankfurt a. M. 1987, S. 695 f.

### 46 Gesetz über die Verdächtigen vom 17. September 1793

Art. 1. Unmittelbar nach Verkündung des vorliegenden Dekrets sind alle verdächtigen Personen, die sich auf dem Gebiet der Republik und noch in Freiheit befinden, in Haft zu nehmen.

Art. 2. Als Verdächtigte gelten 1. alle, die sich durch ihr Verhalten, ihre Beziehungen oder ihre in Wort oder Schrift geäußerten Ansichten als Anhänger der Tyrannei, des Föderalismus und als Feinde der Freiheit erwiesen haben; 2. alle, die sich nicht auf die durch das Gesetz vom 21. März dieses Jahres vorgeschriebene Weise über die Mittel zu ihrer Existenz und die Erfüllung ihrer Bürgerpflichten ausweisen können; 3. alle, denen die Beglaubigung der Staatsbürgertreue verweigert worden ist; 4. durch den Nationalkonvent oder seine Kommissare von ihren Ämtern suspendierte oder abgesetzte und nicht wiedereingesetzte öffentliche Beamte, namentlich diejenigen, die kraft des Gesetzes vom 12. August dieses Jahres abgesetzt worden sind oder noch abgesetzt werden müssen; 5. jene unter den ehemaligen Adligen, ob Männer, Frauen, Väter, Mütter, Söhne oder Töchter, Brüder oder Schwestern wie auch Bevollmächtigte von Emigranten, die nicht beständig ihre Verbundenheit mit der Revolution kundgetan haben; 6. alle, die im Zeitraum zwischen dem 1. Juli 1789 und der Verkündung des Gesetzes vom 8. April 1792 emigriert sind, auch wenn sie in der von diesem Gesetz bestimmten Frist oder davor nach Frankreich zurückgekehrt sein sollten.

Art. 3. Die laut Gesetz vom 21. März dieses Jahres eingesetzten Überwachungsausschüsse oder die – sei es durch Erlasse der bei den Armeen und in den Departements in Mission weilenden Volksvertreter, sei es kraft besonderer Dekrete des Nationalkonvents – an ihre Stelle getretenen Ausschüsse werden beauftragt, für ihren jeweiligen Wirkungskreis ein Verzeichnis der verdächtigen Personen anzufertigen, Haftbefehle gegen sie auszustellen und ihre Papiere amtlich versiegeln zu lassen. Die Kommandanten der Streitkräfte, denen diese Befehle auszuhändigen sind, werden bei Strafe ihrer Absetzung verpflichtet, sie auf der Stelle auszuführen. […]

Markov, Revolution im Zeugenstand, Bd. 2, Frankfurt a. M. 1987, S. 499 f.

### 47 Bericht von Saint-Just, einem engen Vertrauten von Robespierre, für den Wohlfahrtsausschuss vor dem Nationalkonvent, 10. 10. 1793

Es ist an der Zeit, offen eine Wahrheit auszusprechen; sie darf hinfort jenen, die regieren werden, nicht mehr aus dem Sinn gehen: Die Republik wird erst dann auf festen Grundlagen ruhen, wenn der Wille des Souveräns die monarchistische Minderheit unterdrücken und kraft Eroberungsrecht über sie herrschen wird. Ihr dürft die Feinde des jetzigen Regierungssystems in keiner Weise mehr schonen, denn die Freiheit muss siegen, um welchen Preis auch immer. […]

Solange auch nur ein Feind der Revolution noch atmet, können wir auf kein glückliches Gedeihen hoffen. Ihr habt nicht nur die Verräter, sondern auch die Gleichgültigen zu bestrafen; ihr habt jeden zu bestrafen, der untätig in der Republik dahinlebt und nichts für sie leistet. Denn seit das französische Volk seinen Willen zum Ausdruck gebracht hat, zählt jeder, der sich dem Volk entgegenstellt, nicht mehr zum Souverän, und jeder, der nicht mehr zum Souverän gerechnet wird, ist ein Feind. Hätten die Verschwörungen unser Land nicht in Unruhe versetzt, wäre das Vaterland nicht unzählige Male Opfer nachsichtiger Gesetze geworden, würde es wohltuend sein, nach den Grundsätzen des Friedens und der natürlichen Gerechtigkeit zu regieren. Diese Grundsätze sind gut zwischen Freiheitsfreunden; zwischen dem Volk und seinen Feinden gibt es aber keine andere Gemeinsamkeit als das Schwert. Jene, die nicht mittels Gerechtigkeit regiert werden können, müssen mit dem Eisen regiert werden; Tyrannen muss man unterdrücken.

Ihr habt Tatkraft bewiesen; der Verwaltung des Staates hat sie hingegen gefehlt. Ihr habt Sparsamkeit verlangt; das Rechnungsamt hat eure Bemühungen nicht unterstützt. Jeder hat den Staat ausgeplündert. Die Generäle haben Krieg gegen die Armeen geführt. Die Eigentümer von Gewerbeerzeugnissen und Nahrungsmitteln, alle Laster der Monarchie kurzum, haben sich verbündet gegen das Volk und gegen euch. […]

Es muss die ganze Wahrheit gesagt werden. Die Festpreise sind der Umstände halber notwendig. Wenn aber die Ausgabe von Assignaten fortgesetzt wird und wenn die schon ausgegebenen in Umlauf bleiben, wird sich der Reiche, der über Ersparnisse verfügt, noch mehr ins Zeug legen, mit dem Volk, der Landwirtschaft und dem nützlichen Handwerk in Konkurrenz zu treten, um ihnen die Arbeitskräfte zu entziehen, die sie unbedingt brauchen.

Der Bauer wird seinen Pflug im Stich lassen, weil sein Verdienst größer ist, wenn er in den Dienst des Reichen tritt. Ihr werdet den Preis für die Produkte festgelegt haben, man wird euch diejenigen abspenstig machen, die sie erzeugen. Wenn die Produkte dann sehr selten geworden sind, wird sie sich der Reiche sehr wohl verschaffen können, und dann wird die Not ihren Höhepunkt erreichen.

Da man die Lebensmittelpreise um ein Drittel, ein Viertel oder auf die Hälfte des Preises festgelegt hat, den sie früher hatten, muss man von dem umlaufenden Papier- und Hartgeld ein Drittel, ein Viertel oder die Hälfte aus dem Verkehr ziehen. Der Reiche, dessen Einkommen sich durch die Preisfestsetzungen verdoppelt, muss einen Teil dieser Einkünfte, angepasst an den Gewinn, den er aus den Preisfestsetzungen zieht, dem Vaterland zurückgeben.
Eines der besten Mittel, die Lebensmittelpreise zu senken und ein Übermaß des Reichtums zu vermindern, besteht darin, denjenigen, der zuviel hat, zur Sparsamkeit zu zwingen. Diese Binsenwahrheiten müssen von jedermann begriffen werden; sie sind mehr eine Sache des Herzens als des Verstandes.
Es gibt einige Sonderumstände, die ihr hinsichtlich des gegenwärtigen Geldwertes in Betracht ziehen müsst, weil sich seit den Verkäufen der Nationalgüter in den Jahren 1790 und 1791, die am schnellsten vor sich gingen, alles gewaltig verteuert hat. Jahresraten und Zinsen, die euch heute entrichtet werden, entsprechen nicht mehr dem gegenwärtigen Geldwert, und der Staat hat infolgedessen beim Verkauf der Güter die Hälfte eingebüßt. […]
Die verschiedenen Gesetze, die ihr früher über die Lebensmittelversorgung erließet, wären vortrefflich gewesen, wären die Menschen nicht schlecht gewesen.
Als ihr das Gesetz über das Maximum erlassen habt, kauften die Volksfeinde, die vermögender als das Volk sind, über das Maximum auf.
Fortan wurden die Marktplätze nicht mehr von der Habsucht derjenigen versorgt, die Waren verkauften: Der Lebensmittelpreis ging zwar herunter, die Lebensmittel jedoch wurden selten.
Die Beauftragten einer großen Anzahl von Gemeinden kauften um die Wette; und da sich die Sorge um das tägliche Brot von allein aufbläht und verbreitet, wollte jedermann Vorräte in seinen Besitz bringen und öffnete so der Hungersnot, um sich vor ihr zu schützen, die Wege. […]
Die Verschwörungen, die seit einem Jahr die Republik zerrissen, haben uns gezeigt, dass die Regierung gegen das Vaterland konspiriert hat. Der Ausbruch der Vendée hat sich verstärkt, ohne dass ihre Fortschritte aufgehalten worden wären. Lyon, Bordeaux, Toulon und Marseille haben sich empört und verkauft, ohne dass die Regierung etwas unternommen hätte, dem Übel zuvorzukommen oder ihm Einhalt zu gebieten.[…]
Wenn die Regierung selbst nicht auf revolutionärem Wege gebildet wird, ist es unmöglich, revolutionäre Gesetze durchzusetzen. […]

Markov, Revolution im Zeugenstand, Bd. 2, Frankfurt a. M. 1987, S. 507–516

### 48 Aus der radikalen populären Pariser Zeitschrift *La grande colère* du Père Duchesne (= „Die große Wut des Vaters Duchesne") N° 341, Mai 1794

Unser erstes Gut ist das Brot, ich weiß es, Donnerwetter! Wenn man etwas hat, stirbt man nicht vor Hunger. Aber es reicht nicht, Donnerwetter, nicht zu sterben; die Sansculotten müssen, wenn sie arbeiten, glücklich leben. Zu diesem Brot gehört etwas Warmes; sie brauchen den patriotischen Tropfen, um sie wieder auf die Beine zu bringen, wenn sie vor Müdigkeit erschöpft sind. Sie brauchen Zeug, Hemden, Schuhe, mindestens aber Holzlatschen. […]
Ja, die Hamsterer scheren sich einen Dreck ums Maximum, und sie beginnen wieder mit neuen Ausgaben all ihre faulen Geschäfte, nur um uns auszuhungern und uns in schreckliches Elend zu stürzen. Die Bauern, die Pächter, die doch alles durch die Revolution gewonnen haben, sind ebenso gefräßig wie die wilden Tiere, die ehemals ihre Ernten raubten. Sie vergessen, was die Sansculotten der Städte für sie gemacht haben, sie denken nicht mehr daran, dass jene sie von der Kopfsteuer, der Salzsteuer, der Jagd und allen Fressereien des Ancien Régime befreit haben. Sie denken nicht mehr daran, dass das Land all seine Reichtümer den Städten schuldet; denn, Kerl, was machten diese derart geizigen Bauern, wenn sie nicht die Stadt für den Absatz hätten? Sicherlich gibt es keinen nützlicheren, achtenswerteren Menschen als jenen, der den Boden beackert, der ihn mit seinem Schweiß tränkt, um seinesgleichen zu ernähren. Ich liebe aus ganzem Herzen jenen, der Wein anbaut, der Vieh aufzieht und mästet, was zu unserer Nahrung und Kleidung dient; aber, Kerl, der Sansculotte, der die Wolle des Landmannes spinnt, der daraus Stoffe herstellt, der die Pflugschar seines Pfluges und die Waffen gießt, mit denen man die Feinde der Republik ausrottet, sind das nicht ebenso gute Kerle und ebenso wertvolle Menschen? Alle Menschen, die arbeiten, sind gleich vor dem Gesetz; es muss alle schätzen. Die Landbewohner haben ebensowenig Recht, ihre Brüder in den Städten auszuhungern, wie jene nicht das Land auslaugen und sich am Blut der Landwirte laben dürfen. Wir sind wie eine Familie: Der Reiche muss mit dem Armen teilen; der Starke muss dem Schwachen helfen; der Gebildete muss aufklären, muss jenen unterrichten, der das Unglück hat, weder A noch B zu kennen. Es muss so sein, dass sich alle guten Republikaner bei der Hand nehmen, dass sie wie Brüder zusammenstehen. […]
Alle Händler, vom kleinsten bis zum größten, scheinen sich verabredet zu haben. Die Schlachter haben nur noch Innereien und Knochen; beim Weinhändler sagt man Euch, wenn ihr Euch beklagt, durch dieses eklige Gesöff vergiftet worden zu sein, dass es am Maximum läge. Der Schuster hat kein Leder mehr, um die Sansculotten mit Schuhen zu versorgen, demgegenüber gibt es noch Karton und Pappmaché, um Schuhe für die Vaterlandsverteidiger herzustellen. Die Essensresteverkäufer haben Butter und Eier nur noch für die fetten Mäuler; die Krämer (ich habe die Nase voll davon, Kerl, über sie zu sprechen) verkaufen Euch verdorbenen Holzstaub als Pfeffer; Nelkenöl als „Öl"der Provence; gebrannte dicke Bohnen als Kaffee.

Susanne Petersen, Die große Revolution und die kleinen Leute – Französischer Alltag 1789/95. Kommentare, Dokumente, Bilder, Köln 1988, S. 265–267.

### 49 Rede Robespierres vor dem Nationalkonvent am 5. Februar 1794

Wir wollen die Dinge so ordnen, dass alle niedrigen und grausamen Leidenschaften im Zaum gehalten und alle wohltätigen und edlen Leidenschaften durch die Gesetze geweckt werden; wir wollen eine Ordnung schaffen, in der sich der Ehrgeiz auf den Wunsch beschränkt, Ruhm zu erwerben und dem Vaterland zu dienen; in der Vornehmheit nur aus der Gleichheit entsteht; wo der Bürger dem Magistrat, der Magistrat dem Volke und das Volk der Gerechtigkeit unterworfen ist; eine Ordnung, in der das Vaterland das Wohlergehen eines jeden Einzelnen sichert und jeder Einzelne stolz das Gedeihen und den Ruhm des Vaterlandes genießt; in der die Seelen sich weiten durch den ständigen Austausch republikanischer Gefühle und durch das Bedürfnis, die Achtung eines großen Volkes zu verdienen; in der die Künste eine Zierde der Freiheit sind,

die sie veredelt, und in der der Handel eine Quelle des allgemeinen Reichtums und nicht nur des ungeheuren Überflusses in wenigen Häusern ist. [...]
Welche Regierungsform kann diese Wunder vollbringen? Nur die demokratische oder republikanische Regierung! Denn diese beiden Wörter sind synonym, trotz aller Missbräuche der volkstümlichen Sprache. [...] Die Demokratie ist ein Staat, in dem das souveräne Volk sich nach Gesetzen richtet, die sein eigenes Werk sind, indem es von selbst alles tut, was es tun kann, und indem es durch seine Abgeordneten tun lässt, was es nicht selbst tun kann.
Ihr müsst also in den Grundsätzen der demokratischen Regierung die Regeln für euer politisches Verhalten suchen! [...]
Was ist [...] das grundlegende Prinzip der demokratischen Regierung oder der Volksregierung, das heißt, was ist die wichtigste Kraft, die sie unterstützen und antreiben soll? Es ist die Tugend! Und ich meine damit die öffentliche Tugend, die in Griechenland und Rom so viele Wunder vollbracht hat und die noch weit Erstaunlicheres im republikanischen Frankreich vollbringen soll. Ich meine jene Tugend, die nichts anderes ist, als die Liebe zum Vaterland und zu seinen Gesetzen.
Da aber das Wesen der Republik oder der Demokratie die Gleichheit ist, so folgt daraus, dass die Liebe zum Vaterland notwendigerweise die Liebe zur Gleichheit in sich trägt.
Dieses erhabene Gefühl setzt natürlich voraus, dass man das öffentliche Interesse allen privaten Interessen vorzieht: daraus ergibt sich, dass die Liebe zum Vaterland alle Tugenden voraussetzt oder hervorbringt. [...] Unsere vermutlich gefährlichste Klippe ist nicht die Glut des Eifers, sondern vielmehr die Fahrlässigkeit und die Angst vor unserem eigenen Mut. [...] Man muss die inneren und äußeren Feinde der Republik beseitigen oder mit ihr untergehen. Deshalb sei in der gegenwärtigen Lage der erste Grundsatz eurer Politik, das Volk durch Vernunft und die Volksfeinde durch Terror zu lenken.[...]
Man hat gesagt, dass der Terror das Machtmittel der despotischen Regierung war. Sieht denn Eure Regierung dem Despotismus ähnlich? Freilich, aber so, wie das Schwert, das in den Händen der Freiheitshelden glänzt, dem Schwerte ähnelt, mit dem sich die Anhänger der Tyrannei bewaffnet haben. Sollen doch die Despoten ihre verrohten Untertanen durch den Terror regieren; in ihrer Eigenschaft als Despoten haben sie das Recht dazu. Bezwingt Ihr die Feinde der Freiheit durch den Terror; so werdet Ihr in Eurer Eigenschaft als Gründer der Republik das Recht dazu haben. Die Revolutionsregierung ist der Despotismus der Freiheit gegen die Tyrannei. [...]
Die Demokratie kann durch zwei Dinge zugrunde gehen, durch die Überheblichkeit derjenigen, die sie regieren, oder durch die Verachtung des Volkes für die Autoritäten, die es selbst eingesetzt hat; denn diese Verachtung hätte zur Folge, dass jede Sippe und jedes Individuum die öffentliche Macht an sich zu reißen trachtete und das Volk in wüstem Durcheinander zum Umsturz oder zur Tyrannei geriete.

Maximilien Robespierre, Ausgewählte Texte, übers, von Manfred Unruh, Hamburg: Merlin 1971, S. 581–616

### 50 Proklamation der Konsuln vom 15. 12. 1799

Franzosen, es wird euch eine Verfassung[1] vorgelegt. Sie setzt den Ungewissheiten, die die Provisorische Regierung in den auswärtigen Beziehungen, in der inneren und in der militärischen Lage der Republik aufkommen ließ, ein Ende.
Sie überträgt die Leitung der Einrichtungen, die sie schafft, Ersten Beamten, deren Ergebenheit als für ihre Wirksamkeit notwendig erachtet wurde.
Die Verfassung gründet sich auf die wahren Prinzipien der parlamentarischen Regierung und auf die geheiligten Rechte des Eigentums, der Gleichheit und der Freiheit. Die Gewalten, die sie einsetzt, werden stark und dauerhaft sein, wie sie es sein müssen, wenn sie die Rechte der Bürger und die Interessen des Staates schützen sollen.
Bürger, die Revolution ist den Grundsätzen, von denen sie ihren Ausgang nahm, fest verbunden; sie ist beendet.

Markov, Revolution im Zeugenstand, Bd. 2, Frankfurt a. M. 1987, S. 698 f.

[1] Konsulatsverfassung, am 13. Dezember 1799 (22. Frimaire VIII) beschlossen, am 25. Dezember (4. Nivôse) in Kraft getreten.

**Arbeitsvorschläge:**

1. Diskutieren Sie, welche Faktoren die Revolution ausgelöst haben. Ordnen Sie dabei die in Frage kommenden Faktoren in einer Übersicht ein. Berücksichtigen Sie neben den in M 3 und M 4 genannten Informationen auch die verschiedenen wirtschaftlichen Übersichten (M 6–7, M 18–19).
2. Analysieren Sie die Symbolik des Gemäldes von Jacques-Louis David. Das Bild blieb im Entwurfstadium stecken und wurde erst später als monumentales Wandgemälde vollendet. Überlegen Sie, warum David die Arbeit daran 1791 abbrach. (M 4)
4. Vergleichen Sie die das Gemälde über den Sturm auf die Bastille (M 5) mit der Darstellung im Einführungstext. Ziehen Sie eventuell ausführliche Darstellungen des Bastillesturms aus Büchern zu Rate.
5. Fassen Sie die in den Beschwerdeheften der Gemeinde Gerlfangen sowie des Bezirks von Metz aufgelisteten Forderungen nach Themen und Adressaten zusammen. (M 23–24).
6. Vergleichen Sie den Auszug aus dem Buch „Qu'est que le Tiers Etat?" von Abbé Sieyes (M 26) mit dem Beschluss der Ständeversammlung in Metz vom November 1788 (M 25).
7. Vergleichen Sie die Erklärung der Menschenrechte vom 26. August 1789 (M 28) mit der Präambel zur Verfassung von 1791 sowie mit den in dieser Verfassung festgelegten Grundsätzen (M 34) sowie der Rechtfertigung durch Abbé Sieyes (M 36).
8. Erörtern Sie den Anspruch der Menschenrechtserklärung auf universelle Gültigkeit im Hinblick auf ihre Einschränkungen gegenüber bestimmten Gruppen von Menschen.
9. Welche Botschaft versuchen die vier Szenen auf dem Gemälde „Tableaux mémorables" für die Jahre 1789–1791 zu vermitteln. (M 30)
10. Womit begründet Olympe de Gouges die rechtliche Gleichheit der Frau? (M 29)
11. Wie kam es zum Krieg? Analysieren Sie die Argumentation des Flugblatts vom August 1791 (M 41) und vergleichen Sie es mit der späteren politischen Entwicklung. Vergleichen Sie dazu auch die Argumentation Brissots zum Präventivkrieg (M 40).
12. Diskutieren Sie die Begründung der „Terreur" bei Saint-Just (M 47) und Robespierre (M 49) unter Hinzuziehung des Gesetzes über die Verdächtigen (M 46). Ordnen Sie die Argumente nach Konfliktfeldern.
13. Arbeiten Sie das Verhältnis zwischen der Hauptstadt Paris und dem Rest des Landes (der „Provinz") in der Anfangsphase der Revolution und während des Bürgerkrieges 1793 heraus. (M 8, M 16, M 22, M 39).
14. Ergänzen Sie Ihr Wissen zur politischen Situation im damals französischen Teil des Saarlandes und zur Problematik der grenzüberschreitenden feudalen Abhängigkeiten durch Recherchen in Bibliotheken und im Internet (siehe Literatur- und Internettipps)
15. Ziehen Sie eine Bilanz der Revolution bis zum Ende der Terreur. Suchen Sie Darstellungen Robespierres und der Schreckensherrschaft in der Literatur bzw. im Internet und erörtern Sie die Bewertungen.

2

# 2 Die napoleonische Herrschaft

## 2.1 Der Aufstieg des jungen Korsen Napoleon Bonaparte

Napoleon kam am 15. August 1769 im korsischen Ajaccio zur Welt und besuchte die französischen Militärschulen in Brienne und Paris. Als Leutnant der Artillerie erlebte er den Ausbruch der französischen Revolution und den Beginn des 1. Koalitionskrieges (1792 - 1797). Erste Aufmerksamkeit erlangte er im Dezember 1793 bei der Rückeroberung des von England besetzten Hafens Toulon. Nach dem Sturz von Roberspierre, zu dessen Anhängern er zählte, kurzzeitig verhaftet, wurde der Aufstand von Roaylisten in Paris im Oktober 1795, dessen Niederschlagung Napoleon anführte, zu einem wichtigen Meilenstein für den Aufstiegs des jungen Offiziers. Nicht zuletzt durch gute Beziehungen infolge seiner Heirat mit der einflussreichen Joséphine de Beauharnais erhielt der erst 26-jährige Napoleon wenig später, im März 1796, den Oberbefehl über die Italienarmee. Es gelang Napoleon ,Mailand und Mantua zu erobern und Österreich zum Frieden zu zwingen, was ihm erstmals eine verherrlichende Glorie in der Armee und auch in Paris einbrachte.

Nach dem Ausscheiden Österreichs blieb Großbritannien als Hauptgegner des revolutionären Frankreichs übrig. Da aus Mangel ausreichender Seestreitkräfte an einen direkten Feldzug auf die britischen Inseln nicht zu denken war, entschied sich die französische Regierung für einen Angriff auf das unter englischem Einfluss stehende Ägypten. Vielleicht auch, um den ehrgeizigen jungen General aus dem politischen Zentrum des Landes zu entfernen, beauftragte das ▶ Direktorium Napoleon mit dem Unternehmen. Dieser besiegte dann zwar die ägyptische Armee bei den Pyramiden und besetzte Kairo, allerdings gelang es der britischen Marine unter Admiral Nelson die französische Flotte bei Abukir zu vernichten. Damit war die französische Armee abgeschnitten. In dieser Situation verließ Napoleon seine Truppen und schlug sich mittels eines kleinen Schiffes nach Frankreich durch. Zu dieser Zeit wurde das Land von schweren innenpolitischen Krisen erschüttert. Die zerstrittene Regierung hatte an Glaubwürdigkeit verloren und außenpolitisch gestaltete sich die militärische Lage gegenüber der antifranzösischen Koalition immer kritischer. So wurde die Rückkehr des jungen Generals am 9. Oktober 1799, trotz dessen Niederlage in Ägypten, in Paris gefeiert. Seine Popularität besonders innerhalb der Streitkräfte und der Wunsch vieler nach einer starken Führung, ließen ihn am 9. November 1799 zu einem der zentralen Beteiligten am Putsch gegen das regierende ▶ Direktorium werden. Von vielen wurde dieser Staatsstreich begrüßt, so dass wenige Wochen später mit großer Mehrheit in einer Volksabstimmung eine neue Konsularverfassung durchgesetzt wurde. Napoleon wurde für zehn Jahre Erster Konsul und somit mächtigster Mann im Staat.

Der junge, militärisch erfolgreiche Napoleon war zum Hoffnungsträger vieler geworden, das zerstrittene Land wieder zu einen. In der Tat gelang es ihm, die gemäßigten revolutionären Kräfte mit dem Versprechen zu beruhigen, dass die wesentlichen Errungenschaften der Revolution (bürgerliche Gleichheit, Aufhebung des Feudalsystems, Verkauf der Staatsgüter) nicht angetastet werden würden, und sich so die wichtige Unterstützung der neuen bürgerlichen Honorationen und vieler Bauern zu sichern. Gleichzeitig kam er den reaktionären

**1** Napoleon-Portrait von Anne-Louis Girodet-Trioson

Gruppierungen mit der Versicherung entgegen, dass die Revolution nunmehr abgeschlossen sei. Nach Jahren des Terrors und der Instabilität versprach Napoleon die Wiederherstellung von Ruhe und Ordnung. Napoleon suchte den Ausgleich mit den Vertretern des Ancien Régime. Er erleichterte emigrierten Adeligen die Rückkehr nach Frankreich und bemühte sich um eine Verständigung mit dem Klerus, die in einem ▶ Konkordat mit dem Vatikan 1801 auch gelang.

Um aber das Land und seine Herrschaft stabilisieren zu können, musste die Revolution nach außen abgesichert und der Kriegszustand beendet werden. Nach einer Reihe von Siegen 1800 konnte Napoleon am 9. Februar 1801 gegenüber den deutschen Fürsten und Österreich den Frieden von Lunéville erzwingen. Am 25. März 1802 schloss in Amiens auch England Frieden mit Frankreich.

Nach zehn Jahren war damit für das erschöpfte Frankreich erstmals wieder Frieden eingekehrt. Die Jahre 1800 - 1805 dienten Napoleon dann auch in erster Linie dazu, wichtige Modernisierungsvorhaben durchzusetzen und die Glaubwürdigkeit des Staates wiederherzustellen. War er auch nicht ihr Schöpfer, so doch der energische Förderer der nun einsetzenden Reformen. Ein bereits 1800 in Kraft getretenes Gesetz zur Verwaltungsreform schuf

**2 Napoleon bei einer Beratung über den „Code civile"**, Xylografie 19. Jh.



eine neue Departementstruktur in Frankreich d.h. eine neue Einteilung in Verwaltungskreise, an deren Spitze jeweils ein Präfekt berufen wurde, womit eine nachhaltige Zentralisierung des Staates gefördert wurde. Wenig später erfolgte eine Rationalisierung des Steuersystems, das die Steueraufteilung bzw. -erhebung überschaubarer und effizienter gestaltete. Die Bank von Frankreich wurde gegründet, die die Funktion eines starken Kreditgebers für den Staat übernahm. 1802 gelang der Regierung seit langer Zeit wieder ein ausgeglichener Staatshaushalt. Nicht zuletzt mit dem Ziel, zukünftige Eliten für Staat und Gesellschaft auszubilden, wurde das schwache staatliche Schulsystem reformiert und Gymnasien gegründet. Zur Neuorganisation des Justizwesens entstand 1804 schließlich der Code Civil (Bürgerliches Gesetzbuch), der eine einheitliche Rechtsordnung für jeden Bürger festlegte. 1810 folgte der Code Pénal (Strafgesetzbuch). Das napoleonische Frankreich vollendete damit die Abkehr von der mittelalterlichen Ständegesellschaft und förderte eine neue Gesellschaft, die sich auf Familie und Eigentumsrecht begründete. Allerdings richtete sich dieses nach dem Modell der bürgerlichen patriarchalischen Familie, in der die Frau kaum eine Rolle spielte und ihr viele Errungenschaften der Revolution wieder genommen wurden. Dafür erhielten die Kinder ein gleiches Erbrecht, was eine Abkehr vom Recht des Erstgeborenen bedeutete. Frankreich sah sich als starker, aufgeklärter Staat, der einerseits Religionsfreiheit gewährte, jedoch Kirche und Schule unter die Oberaufsicht des Staates stellte. Einher ging damit z.B. die gesetzliche Verankerung der Zivilehe und -scheidung.

Die bonapartistische Herrschaft stützte sich dabei neben der Armee in erster Linie auf die Hauptnutznießer der Revolution, die Bourgeoisie, der sie ihre seit 1789 erworbenen Güter garantierte und ihnen den Zugang zur Staatsverwaltung und zu höchsten Regierungs- sowie Militärämtern eröffnete. Napoleon inszenierte aus Teilen des Ancien Regime und der Revolution die Grande Nation, wozu gehörte, dass er sich 1802 zum Konsul auf Lebenszeit wählen ließ. Napoleon schuf eine „Diktatur zum Wohl des Volkes", was beinhaltete, dass oppositionelle Gruppierungen zum Schweigen gebracht, ein harte Pressezensur eingeführt und die Geheimpolizei beträchtlich erweitert wurde. 1804 schwang er sich zum „Kaiser der Franzosen" auf.

Napoleon sah sich als Herrscher über eine Nation, der die Vorherrschaft über den Kontinent gebüre, einer Nation, die dazu berufen sei, das alte Europa zu überwinden, um ein neues zu formen. Gepaart war dieses Sendungsbewusstsein mit einem starken Sicherheitsdenken. Der junge General wollte Frankreich in Zukunft vor einer erneuten Existenzbedrohung, wie sie in den Koalitionskriegen bestanden hatte, bewahren. Dies bedeutete besonders eine Absicherung im Osten, und dort lag das Heilige Römische Reich deutscher Nation.

## 2.2 Territoriale Neugestaltung Deutschlands

Ende des 18. Jahrhunderts glich das einst mächtige Heilige Römische Reich Deutscher Nation einem bunten Flickenteppich aus hunderten kleinerer und mittlerer weltlicher und geistlicher Fürstentümer, Reichsritterschaften und Reichsstädte. Insbesondere der Südwesten des Reiches war in eine Vielzahl kleiner und kleinster Territorien zersplittert. Zu den größeren, miteinander rivalisierenden Fürsten- und Königshäusern innerhalb des Reiches zählten dabei besonders Habsburger, Hohenzoller, Wettiner und Wittelsbacher. Gleichzeitig waren auch mehrere ausländische Mächte mit Besitzungen in den deutschen Reichsständen präsent. Der König von Dänemark war zugleich auch Herzog von Schleswig und Holstein, während Wismar und Vorpommern der schwedischen sowie Jever zeitweise der russischen Krone zugehörten. Auf diese Weise war das Deutsche Reich zu einer Pufferzone im Zentrum Europas zwischen den Großmächten geworden. Die Kaiserkrone hatte längst ihre Integrativkraft verloren, ohne dass bisher eine Art von deutschem Nationalgefühl als neue Identitätsform entstanden war. Einwohner und Fürsten sahen sich als Vertreter ihres jeweiligen kleinen Territoriums, wohingegen die Intellektuellen noch weitgehend der kosmopolitischen Sicht der Aufklärung anhingen.

**3** **Das Heilige Römische Reich deutscher Nation 1789**

Gegenüber der quasi-souveränen Territorialstaatlichkeit der einzelnen Herrschaften nahm z. B. der junge Hegel das Deutsche Reich nur noch als „Gedankenstaat" wahr. Dem stand Frankreich gegenüber, ein Land, in dem sich zunehmend das Gefühl einer geeinten Nation freier Bürger entwickelte, Bürger, die auch bereit waren, für ihre Ideale - Freiheit, Gleichheit und Brüderlichkeit - zu kämpfen und zu sterben, auch wenn dies sicherlich auf längst nicht alle Bewohner des Landes zutraf.
Im Zuge der Eroberungen deutscher Territorien durch Napoleon kam es Anfang des 19. Jahrhunderts zu einer umfassenden Neuordnung des Reiches. Die Niederlage Österreichs im Zweiten Koalitionskrieg führte im Februar 1801 zum Frieden von Lunéville, der zugleich grundlegende Veränderungen im gesamten Reichsgebiet vorsah. Zu den wichtigsten Bestimmungen dieses Friedensvertrages zählte die Abtretung der linksrheinischen deutschen Gebiete an Frankreich. Die enteigneten Fürsten sollten für ihre Verluste durch Umverteilungen im rechtsrheinischen Gebiet entschädigt werden. Eine solche Neueinteilung der Territorien im verbleibenden Reichsgebiet folgte 1803 durch den Reichsdeputationshauptschluss[1]. Unter den Schlagworten ▶ „Säkularisierung" und ▶ „Mediatisierung" wurden die geistlichen Besitzungen von des Deutschen und des Malteser Ordens sowie die „reichsunmittelbaren" Ritterschaften und nahezu sämtliche Reichsstädte aufgelöst und weltlichen Fürstentümern angegliedert. Die nun mediaitisierten Fürsten und Ritter behielten dabei jedoch ihre Einkünfte und Herrschaftsrechte über ihren Grundbesitz sowie Sitz und Stimme in den ständischen Vertretungen. Zusätzlich wurde in der Folgezeit innerhalb der einzelnen Gebiete kirchlicher Besitz, wie beispielsweise Klöster mit ihren dazugehörigen karitativen und wirtschaftlichen Einrichtungen vom jeweiligen Staat übernommen. Damit wurde weitgehend den Forderungen vieler Vertreter der Aufklärung entsprochen, die für einen säkularisierten Staat eingetreten waren, in dem Kirche, Wirtschaft, Politik und Bildungswesen unter Aufsicht der Gesellschaft, d. h. des Staates stehen sollten.
Hauptnutznießer dieser umfassenden Umverteilung von Besitzverhältnissen waren Preußen, Bayern, Baden, Hessen und Württemberg. So gelang es beispielsweise Hessen-Darmstadt, das zuvor aus acht voneinander getrennten Landesteilen mit sehr unterschiedlichen Justiz- und Steuersystemen bestand, sich bis auf zwei kompakte Landesteile zu vereinen. Das Resultat war die Entstehung mehrerer stabiler Mittelstaaten, insbesondere im südwestdeutschen Raum, die stark genug waren, die beiden großen Mächte (Österreich und Preußen) zu schwächen, aber zu schwach, um ohne französische Hilfe wirksam handeln zu können. Gleichzeitig schuf dies eine der Voraussetzungen für den späteren deutschen Föderalismus. Vielen Fürsten gelang es durch die ▶ Säkularisierung sich finanziell zu sanieren. Gleichzeitig zerstörten sie aber auch viele alte, gewachsene Infrastrukturen, da sie nicht darauf vorbereitet waren, die sozialen und wirtschaftlichen Tätigkeiten der Kirche, wie den Betrieb von Schulen, Krankenhäusern oder Pflegeanstalten sofort zu übernehmen. Bis erste diesbezügliche staatliche Maßnahmen begriffen, vergingen oft mehrere Jahre. Viele Gebiete,

1 Der deutsche Reichstag berief im Zuge des Friedens von Lunéville eine außerordentliche Reichsdeputation zusammen. Der von der Deputation am 25. Februar 1803 verkündete Beschluss regelte die Entschädigungen der von der Abtretung des linken Rheinufers an Frankreich betroffenen Fürsten.

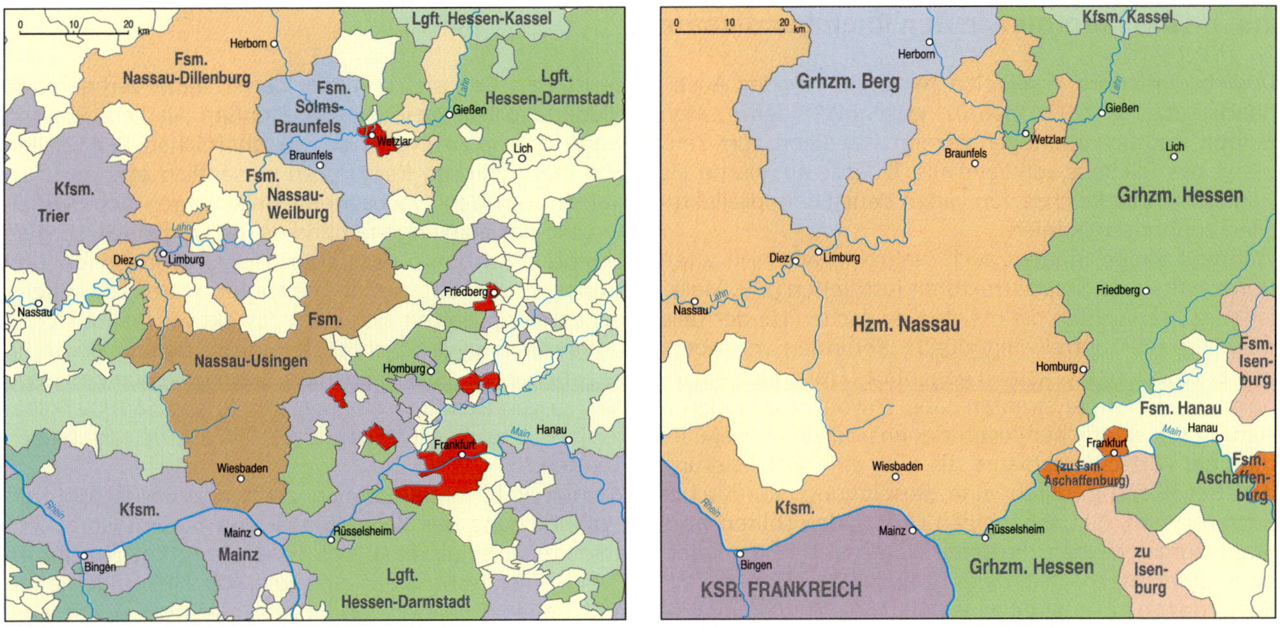


**4 Herrschaftsgebiete im Rhein-Main-Gebiet in den 1790er-Jahren (links) und nach der territorialen Neuordnung 1801/03 (rechts)**

die stark von der katholischen Kirche geprägt gewesen waren, verarmten auf diese Weise und wurden in ihrer Entwicklung zurückgeworfen.
Nachdem Österreich 1805 im 3. Koalitionskrieg erneut der französischen Armee unterlag, setzte Napoleon im Frieden von Pressburg weitere territoriale Zugewinne für Bayern und Württemberg und deren Rangerhöhung zu Königreichen durch. Im Juli 1806 schlossen sich dieser schließlich mit weiteren vierzehn süd- und westdeutschen Staaten in einer Konföderation unter französischen Protektorat, dem sog. Rheinbund, zusammen und erklärten ihren Austritt aus dem Reichsverband. Nur wenige Tage später legte Kaiser Franz II. auf französischen Druck die Römisch-Deutsche Kaiserwürde nieder und besiegelte damit auch formal das Ende des Heiligen Römischen Reichs Deutscher Nation.
Die an Napoleon gerichtete Forderung Preußens, das von Sachsen und Russland unterstützt wurde, den Rheinbund wieder aufzulösen, führte wenige Wochen später zum 4. Koalitionskrieg, in dem Preußen in der Doppelschlacht bei Jena und Auerstedt eine katastrophale Niederlage hinnehmen musste. Im Frieden von Tilsit 1807 verlor Preußen daraufhin sämtliche Gebiete westlich der Elbe. Aus den dabei abgetrennten preußischen Territorien und den zwangsweise aufgelösten Fürstentümern Hessen-Kassel und Braunschweig entstand wenig später der neue, nach französischem Modell gestaltete „Musterstaat" Westfalen (Hauptstadt Kassel). Weitere solche „Musterstaaten" folgten mit den Großherzogtümern Kleve-Berg (Hauptstadt Düsseldorf) und Frankfurt. Diese sollten den Aufbau und die Gesetzgebung des französischen Staates und somit einen Vorbildcharakter für die übrigen deutschen Staaten übernehmen.
So hatte Napoleon 1805/06 machtpolitisch eine Dreiteilung Deutschland durchgesetzt: Preußen, Österreich und die von ihm abhängigen Rheinbundstaaten. Letztere dienten fortan als Aufmarsch- bzw. Durchmarschgebiet sowie als militärische Vasallen zur weiteren Durchsetzung der französischen Hegemonie.

**5 Joachim Murat (1771–1815)**, trat 1789 als einfacher Soldat in die französische Armee ein, stieg zum General und unter Napoleon zum Marschall auf. Als Schwager Napoleons wurde er 1806 Großherzog des „Musterstaates" Kleve-Berg.
Xylografie nach einem Stich von C. E. Weber, 19. Jh.

## 2.3 Die Reformen in den Rheinbundstaaten

Das revolutionäre Frankreich hatte sich in der Auseinandersetzung 1792-1806/07 gegenüber dem „alten Europa" deutlich überlegen gezeigt. Napoleon, zum Zeitpunkt des Friedens von Lunéville 32 Jahre alt, wurde als Neuordner des Reiches von vielen deutschen Intellektuellen euphorisch gefeiert.

Während einige Staaten auch weiterhin an ihren alten Herrschafts- und Staatsstrukturen festhielten (z.B. Mecklenburg), versuchten die meisten deutschen Länder teils freiwillig, teils unfreiwillig, durch „Reformen von oben" den Entwicklungsrückstand gegenüber Frankreich aufzuholen. Die Reformer strebten dabei sowohl eine Modernisierung der staatlichen Institutionen und eine Deregulierung der Wirtschaftsabläufe, als auch eine Mobilisierung der Bevölkerung durch eine Beseitigung ständischer Schranken an. Aus abhängigen Untertanen sollten freie Staatsbürger werden, die bereit wären, sich für ihr Vaterland einzusetzen. Allerdings waren die Fürsten und Regierungen nicht bereit, eine politische Mitwirkung größerer Bevölkerungskreise oder gar die Anerkennung des Prinzips der Volkssouveränität zu akzeptieren.

Das Ausmaß der Reformen entwickelte sich in den deutschen Staaten sehr unterschiedlich. Am frühesten setzten Reformen in den linksrheinischen Gebieten ein, die bereits zuvor besetzt, im Frieden von Lunéville 1801 Bestandteil des französischen Staates und somit direkt in das französische Verwaltungssystem integriert wurden. In einer zweiten Phase begannen Reformenmaßnahmen in jenen deutschen Fürstentümern, die zu den Hauptnutznießern der nach 1803 durchgeführten ▶ Säkularisierung und ▶ Mediatisierung zählten. Diesen blieb auch kaum eine andere Wahl, als ihre Verwaltung, ihr Rechts- und Wirtschaftssystem grundlegend neu zu organisieren, mussten sie doch die zahlreichen hinzugewonnenen Territorien, die administrativ, rechtlich und konfessionell oft völlig anders strukturiert waren, integrieren. Dem folgten die 1807-1810 geschaffenen napoleonischen „Modellstaaten", die von Frankreich 1810 annektierten norddeutschen Gebiete, und das durch seine verheerende Niederlage 1806 geschwächte Preußen. All diese Staaten waren bald gezwungen, die wirtschaftlichen, finanziellen und menschlichen Ressourcen wesentlich effizienter zu nutzen, um den wachsenden Belastungen standzuhalten, die das erzwungene Bündnis mit Frankreich mit sich brachte. Nicht nur, dass französische Garnisonen und Truppendurchmärsche zu finanzieren waren, die Rheinbundstaaten hatten sich auch zur aktiven militärischen Unterstützung verpflichtet. Kämpften bereits deutsche Regimenter ab 1808 in Spanien, stammten von den etwa 1812 gegen Russland eingesetzten knapp 600000 Soldaten der „Grande Armée" rund 130000 aus den deutschen Staaten.

Zu den Reformmaßnahmen zählten zunächst die Vereinheitlichung des Verwaltungs- und Steuersystems. So ersetzte beispielsweise das Großherzogtum Nassau im Zuge seiner territorialen Arrondierung 1803 in den alten und neuen Gebieten 991 Einzelsteuersätze durch eine allgemeine Grund- und Gewerbesteuer. Im Zuge der ▶ Säkularisierung wurden in allen Reformstaaten nach und nach die Zivilehe und -scheidung etabliert (Einrichtung von Standesämtern). Im wirtschaftlichen Bereich wurde die Gewerbefreiheit eingeführt und das Zunftwesen beseitigt, Handelsgerichte, Handelskammern und Handelsbörsen geschaffen. Ebenso übernahmen nach und nach die meisten Rheinbundstaaten den Code Civil. Die Bauern wurden von der Erbuntertänigkeit befreit und der jüdischen Bevölkerung das Bürgerrecht zuerkannt, auch wenn mehrere Einschränkungen bestehen blieben. Ganz im Sinne der napoleonischen Kriegführung wurden darüber hinaus nicht zuletzt solche Modernisierungsmaßnahmen forciert, die von militärstrategischen Interesse waren, wie Verbesserungen der Infrastruktur durch Straßen-, Kanal- und Brückenbau oder im Städtebau durch die Anlegung breiter Ausfallstraßen (später oft Heerstraßen genannt) sowie eine Modernisierung des Gesundheitswesens.

**6 „Die Sachsen schwören Napoleon Treue", 1907.** Gemälde von Pietro Benvenuti 1812.

**7** **Deutschland 1812**

## 2.4 Die Reformen in Preußen

Der preußische Staat sah sich nach seiner vollständigen Niederlage im Krieg gegen Frankreich 1806/07 am Rand des Ruins. Im Frieden von Tilsit musste Preußen die Hälfte seines Staatsgebietes abtreten, hohe Besatzungskosten und riesige Kriegsentschädigungen akzeptieren. Unter diesen Bedingungen waren umfassende Reformen unumgänglich.
Trotz der schwierigen Situation des Staates mussten die Verfechter dieses neuen Kurses in der preußischen Regierung die nötigen Veränderungen nicht zuletzt gegen den nachhaltigen Widerstand gegen den größten Teil des Adels durchsetzen. Die Masse der Bevölkerung hingegen ließ die Reformen mit Skepsis (so die Bauern) oder murrend (wie die in Zünften organisierten Handwerker) über sich ergehen. Maßgebliche Anführer der Reformbewegung „von oben" war dabei zunächst Freiherr vom Stein (1757 - 1831), der 1807/08 als verantwortlicher Minister die Reformpolitik leitete, und dessen Nachfolger Karl August von Hardenberg (1750 - 1822).

### Agrarreform

Als erste große Aufgabe konzentrierten sich die Reformer zunächst auf die Umgestaltung der Landwirtschaft. Im Oktoberedikt von 1807 wurde allen Bauern die persönliche Freiheit gewährt. Jeder Bauer konnte nun seinen Wohnort und seinen Beruf selbst bestimmen. Allerdings verbanden die preußischen Reformer die Beseitigung der bäuerlichen Erbuntertänigkeit nicht, wie die französischen Revolutionäre, mit einer radikalen Enteignung der adeligen, feudalen Gutsherrschaft. In einem Regulierungsedikt von 1811 wurde festgelegt, dass die ablösungsberechtigten Bauern, je nach dem jeweiligen Besitzrecht, zwischen einem Drittel und der Hälfte des von ihnen bewirtschafteten Landes abzutreten oder dessen Geldwert an die Grundherren zu entrichten hatten, denen sie bislang erbuntertänig gewesen waren. Damit kamen die Reformer der starken Adelsreaktion entgegen. Nur wenige Bauern waren aber dazu in der Lage, derartige Geldsummen aufzubringen, so dass ein großer Teil des bisherigen Bauernlandes an die Großgrundbesitzer überging bzw. sich zahlreiche Bauern schwer verschulden mussten.
Gewinner waren in erster Linie die zumeist adeligen Gutsbesitzer, die ihre Wirtschaftskraft durch den hohen Zustrom an Land und Kapital erheblich steigern konnten. Es gelang aber auch den meisten großen und mittleren Bauern, ihre Ablösungs- und Regulierungsverluste nach und nach auszugleichen. Verlierer der Reformen waren die Kleinbauern, die meist ihre Höfe nicht halten konnten und verkaufen mussten. Sie stiegen zu Tagelöhnern ab oder wanderten in die Städte, wo sie später das Gros der Industriearbeiter der aufkommenden Industrialisierung bilden sollten. Die Agrarreform verwandelte letztlich die Landwirtschaft in einen nach dem kapitalistischen Gewinnprinzip betriebenen Erwerbsbereich, verbundenen mit einem harten Verdrängungskampf. Dies führte zu einer Steigerung der Produktion, zerstörte aber auch die traditionellen sozialen Netze der bisherigen Gutswirtschaft.

### Gewerbefreiheit und Zölle

Das Gewerbe-Edikt von 1810 hob schließlich auch den Zunftzwang auf. Nunmehr konnte jeder Staatsbürger ein Gewerbe ausüben. Diese Deregulierung des Handwerks führte zwangsläufig in der Anfangszeit zu einem

2

gewaltigen Anstieg der Betriebe, was wiederum starken Konkurrenz- und Verdrängungsdruck hervorrief. Für viele Handwerksmeister führte dies zu wirtschaftlicher Not. Langfristig setzten sich allerdings die Tüchtigsten auf dem umkämpften Gewerbemarkt durch.
Neben der Deregulierung des Arbeitsmarktes wurde der Binnenmarkt durch eine schrittweise Beseitigung aller Binnenzölle und einen freien Güterverkehr im ganzen Land gefördert. Zölle blieben lediglich für die Außengrenzen und für den Durchgangsverkehr ausländischer Produkte erhalten.

**Steuerreform**
Auch die Steuererhebung und das Steuersystem wurden vereinheitlicht, wobei es allerdings auch in diesem Bereich dem Adel gelang, alte Privilegien zu bewahren. Bis 1861 noch sollten die alten Rittergüter von Steuern befreit sein. Stattdessen erhöhte sich der relative Steuerdruck auf die ärmeren Schichten, da besonders jene Steuern erhöht wurden, die jeder Steuerzahler in gleicher Höhe zu entrichten hatte (z. B. die Mehl- und Schlachtsteuer in den Städten).

**Heeresreform**
Dienten die Wirtschafts- und Verwaltungsreformen zunächst nicht zuletzt dazu, dem Druck der französischen Besatzung standzuhalten, so sollte eine Reformierung des Heeres die Grundlage schaffen, die französische Hegemonie eines Tages wieder zu beseitigen. 1813 wurde die Allgemeine Wehrpflicht eingeführt. Ergänzt wurden die regulären Linientruppen zusätzlich durch eine Art von Miliz in Gestalt der Landwehr, mit der ältere Reservejahrgänge mobilisiert werden konnten. Gleichzeitig begann eine zaghafte Öffnung der vormals nur Adeligen zugänglichen Offiziersränge für bürgerliche Bewerber, auch wenn diese in der Praxis kaum zur Anwendung kam, sowie die Milderung der Strafen innerhalb der Armee (z. B. wurde die Prügelstrafe verboten).

**Bildungsreform**
Die insbesondere von den Ideen Wilhelm von Humboldts und Johann Heinrich Pestalozzis beeinflusste Bildungsreform führte zu der Etablierung eines einheitlichen staatlichen Bildungssystems, das auf einem Volksschul-, Gymnasial- und Universitätswesen basierte. Die Lehrerausbildung wurde verbessert und im ganzen Land die allgemeine Schulpflicht eingeführt. Blieb die Situation in den Volksschulen auch weiterhin sehr schlecht, so gewannen die Gymnasien durch strenge Leistungsanforderungen zunehmend Bedeutung. Zusammen mit einer Reform der Universitäten, die ihren symbolischen Höhepunkt 1810 in der Gründung der Berliner Universität fand, schuf dies die Grundlage für die Entwicklung eines starken Bürgertums. Frauen blieb hingegen der Zugang zu den höheren Bildungsanstalten auch weiterhin verwehrt.

**Städteordnung**
So sehr auch die Reformer eine Modernisierung des Wirtschafts- und Bildungsbereiches vorantrieben, so wagten sie doch nirgends den Schritt zur Gewährung weitergehender politischer Mitwirkungsrechte für nichtadlige Bevölkerungsschichten.
Eine Ausnahme bildete lediglich die Städteordnung, wo den Kommunen ein Teil der Selbstverwaltungsrechte zurückgegeben wurde, die sie vor der Durchsetzung des Absolutismus besessen hatten. Sie durften nun wieder eine Gemeindevertretung wählen, den Magistrat berufen und kontrollieren und die Entscheidungsgewalt über zahlreiche wirtschaftliche, bauliche und schulische Angelegenheiten ausüben. Allerdings bedurfte es auch weiterhin bei der Wahl des Magistrats der Bestätigung der Regierung und jegliche Selbstverwaltungsvorgänge unterlagen staatlicher Rechtsaufsicht. Gerichte und Polizei wurden vollständig staatlicher Zuständigkeit unterstellt. Darüber hinaus galten diese neuen Mitbestimmungsrechte lediglich für Aktivbürger, d. h. jene, die Grundbesitz besaßen und ein beträchtliches Einkommen aus selbständiger Tätigkeit bezogen. Die von „Bürgern" unterschiedenen „Einwohner" waren von der Selbstverwaltung auch weiterhin ausgeschlossen.

**8** **Karl August v. Hardenberg (1750–1822)**
Standbild von Christian Daniel Rausch

**Emanzipation der Juden**
Seit 1808 begannen mit Westfalen und Baden die ersten deutschen Staaten damit, ihrer jüdischen Bevölkerung das Bürgerrecht zuzuerkennen. Das Königreich Preußen gewährte in einem Edikt vom 11. März 1812 ebenfalls die seit Mitte des 18. Jahrhunderts von mehreren Aufklärern diskutierte Emanzipation der Juden im Land. Ebenso wie in den meisten anderen Staaten blieben jedoch auch weiterhin Einschränkungen bestehen bzw. wurde die Erlangung der Staatsbürgerschaft an verschiedene Bedingungen geknüpft. Waren nunmehr etwa die jüdischen Preußen ebenfalls der eingeführten Wehrpflicht unterworfen, so wurde ihnen noch mehrere Jahrzehnte der Zugang zu höchsten Staatsämtern verwehrt.

## 2.4 Wirtschaftskrieg – Die Kontinentalsperre

Die wirtschaftliche Rivalität zwischen den beiden Großmächten England und Frankreich um die wichtigsten Absatzmärkte in Europa und in Übersee dauerte bereits mehrere Jahrzehnte an, als Napoleon zum Ersten Konsul aufstieg. In England hatte mittlerweile die industrielle Revolution eingesetzt. Mit dem daraus entstandenen günstig produzierten englischen Stahl und Textilien, aber auch mit Kolonialwaren wie Kaffee, Zucker, Tabak, Sirup und Gewürzen zählte England zu einem zentralen Handelspartner aller deutschen Staaten. Im Gegenzug lieferten deutsche Händler in großem Umfang landwirtschaftliche Produkte wie Getreide auf die britischen Inseln.
Nachdem die englische Flotte in der Schlacht bei Trafalgar im 3. Koalitionskrieg 1805 die Seeherrschaft gegen Frankreich durchsetzte, griff Napoleon auf das Mittel des Handels- und Wirtschaftskrieges zurück, um England zum Frieden zu bewegen. Erste Importverbote für englische Waren wurden 1805 verhängt. Diese wurden 1806 auch den deutschen Rheinbundstaaten aufgezwungen. Nach der preußischen Niederlage im Herbst 1806 besetzten französische Truppen auch Mecklenburg und die Hansestädte Bremen und Hamburg, obwohl diese neutral waren. Am 21. November 1806 verhängte Napoleon die Kontinentalsperre über alle Häfen im französischen Machtbereich. Jeglicher Handel mit England wurde verboten, englische Waren beschlagnahmt, zeitweise sogar die Ostseefischerei unterbunden.
Die englische Regierung reagierte ihrerseits mit Blockaden der kontinentalen Häfen. Der Überseehandel von Bremen, Hamburg, Lübeck, Warnemünde und anderen Hafenstädten kam nahezu vollständig zum Erliegen. Gleichzeitig blühte der Schmuggel. Zwar scheiterte 1807 der englische Versuch, Dänemark zu besetzen, doch blieb die dänische Insel Helgoland in englischer Hand. Diese wurde zu einem der wichtigsten Ausgangspunkte für den Schmuggel englischer Waren auf den Kontinent. 1809 besetzten gar englische Truppen zeitweise Cuxhaven, allerdings konnte die französische Armee diese Lücke in der Kontinentalsperre bald wieder schließen. Staaten wie Dänemark waren jedoch ohnehin nicht bereit, den französischen Wirtschaftskrieg mit allen Mitteln zu unterstützen. Auf diese Weise entwickelte sich z. B. Hamburg, das weitgehend von dänischem Territorium umgeben war, zu einem wichtigen Drehpunkt geschmuggelter Waren. Da englische Kolonialprodukte im nahen Altona etwa 50 % billiger zu bekommen waren, bedeutete der Schmuggel für viele Hamburger eine wichtige Erwerbsquelle.
Die französischen Behörden reagierten mit immer schärferen Kontrollen. 1810 ging Napoleon sogar so weit, dass die gesamte Nordseeküste unmittelbar französischer Verwaltung unterstellt wurde. Bremen, Hamburg, Oldenburg, Teile Hannovers und Westfalens und das Königreich Holland wurden ebenso Frankreich angegliedert, wie Lübeck. Dort wurden sofort neue Steuern eingeführt, der Handel mit Branntwein, Wein, Bier und Tabak einem Staatsmonopol unterworfen und in Folge die Geburt von Knaben für spätere Rekrutierungslisten registriert, Buchhandel und Druckerpresse wurden streng überwacht. Aber auch in den verbündeten Staaten wie Mecklenburg wurde die Überwachung der Küsten bzw. der Grenze zu Schwedisch-Pommern ausgeweitet. Trotzdem gelang es den französischen Behörden zu keinem Zeitpunkt, das Eindringen englischer Waren vollständig zu unterbinden. Der Plan, den Ausfall des Überseehandels durch eine Förderung des Binnenhandels mittels eines Ausbaus der Wasserstraßen zwischen Rhein und Ostsee zu begegnen, wurde nicht mehr umgesetzt.
Stattdessen führte der Handelskrieg gegen England zu einschneidenden Folgen für die Wirtschaft aller europäischen Länder. Die deutschen Häfen erlebten einen raschen Niedergang und viele Gewerbe, die auf den Warenaustausch mit England angewiesen waren, gingen zugrunde. Zahlreiche Gutsbesitzer und -pächter mussten ihre Wirtschaften aufgeben oder verkaufen. Viele Waren erlebten ungeheure Teuerungen. Engpässe bei verschiedenen Produkten verschärften den alltäglichen Mangel. So führte z. B. das Ausbleiben des importierten Farbstoffes Indigo dazu, dass die französische und westfälische Armee teilweise auf weiße Uniformen umgestellt werden musste. Gleichzeitig führte jedoch auch das Aussperren der billigen englischen Konkurrenz neue Industriezweige. In Sachsen konnte sich nun, da englische Textilien nicht mehr ins Land kamen, Baumwollspinnereien entwickeln, die wiederum den Aufbau einer Maschinenindustrie nach sich zogen. Ähnliches geschah in der Stahlproduktion. Bereits seit 1804 stellte in Schaffhausen der Unternehmer Johann Conrad Fischer Gusstahl her. 1813 eröffnete Friedrich Krupp eine Gusstahlfabrik in Essen, die allerdings nicht mehr von der Kontinentalsperre profitieren konnte.
Zum symbolischen Objekt des immer stärker werdenden Unmuts der Bevölkerung wurden die französischen Zöllner, die besonders in den Küsten- und Grenzstädten eine nahezu allmächtige Stellung einnahmen. Sie waren es auch, gegen die sich bei Unruhen in Hamburg im Februar 1813 der Zorn der Bevölkerung als erstes richtete.
Letztlich wurde die Kontinentalsperre einer der Auslöser für den Niedergang der Napoleonischen Herrschaft. Als Schweden und Russland begannen, Verhandlungen mit England aufzunehmen und sich allmählich wieder englischen Waren öffnete, entschloss sich Napoleon 1812 zum katastrophalen Feldzug gegen Russland. Wenig später fielen das napoleonische Imperium und damit auch die Kontinentalsperre in sich zusammen.

**9 Zollvisitation am Ranstädter Tor in Leipzig.** Stich von Christian Gottfried Geißler, um 1811/12.

## Geschichte regional: Die Folgen der Kontinentalsperre in Mecklenburg

**Wirtschaftsstruktur Mecklenburgs**

Um die Wende zum 19. Jahrhundert führte Mecklenburg fast ausschließlich Rohstoffe aus – an der Spitze standen Getreide, Obst und Rohwolle – und importierte alle feineren gewerblichen Produkte. Mit dem Ausbau der Gutsherrschaft im 18. Jahrhundert stieg in Mecklenburg die Getreideproduktion, deren Erträge die Gutsbesitzer entweder in den Ausbau ihrer Güter steckten oder zu einem nicht geringen Teil für ihre aufwendige Lebensführung verbrauchten und nicht einer gewerblichen Entwicklung zugute kommen ließen, wie es in anderen Regionen der Fall war. Die Kaufleute exportierten ausschließlich Rohstoffe und führten im Gegenzug Zucker, Kaffee, Tee und Wein sowie gewerbliche Manufakturerzeugnisse wieder ein. Damit verringerten sie die Entfaltungsmöglichkeiten des inländischen Gewerbes. Weil gleichzeitig ein großer Teil der Bauern zu leibeigenen Tagelöhnern mit kaum nennenswerter Kaufkraft geworden war, stagnierte das Handwerk auf dem Niveau kleiner Warenproduzenten für einen relativ begrenzten Binnenmarkt.

Die Umwandlung der ursprünglichen Bauern- in eine Gutswirtschaft hatte in Mecklenburg nach dem Ende des Dreißigjährigen Krieges begonnen, der das Land und besonders den östlichen Teil sehr hart getroffen hatte. So sollen nach Kriegsende von den 5000 Einwohnern des Amtes Stavenhagen nur noch 300 dort gelebt haben. Dreimal hatte das Land unter der Pest zu leiden. Die Felder wurden jahrelang kaum bearbeitet. Viele Bauern hatten weder das Geld noch durch fehlende Arbeitskräfte die Möglichkeit, ihre Höfe neu aufzubauen. Sie dienten notgedrungen auf den Rittergütern. Das Bauernlegen setzte ein. Große Rittergüter entstanden durch das Zusammenlegen von Bauernstellen. Die starke Position der Ritterschaft erzwang weitreichende rechtliche Zugeständnisse, die insbesondere das Steuerbewilligungsrecht des Landesherrn einschränkten. Nach der bereits 1645 in Kraft gesetzten Gesindeordnung wurde 1654 die erneuerte „Gesinde-Tagelöhner-Baur-Schäffer-Tax- und Victualordnung" verabschiedet, die erstmalig die Leibeigenschaft und Erbuntertänigkeit der Landbevölkerung schriftlich fixierte. Die Bauern wurden persönlich und wirtschaftlich unfrei. Sie waren an ihren Hof gebunden und konnten mit diesem von ihrem Herrn verkauft werden.

Der Landesgrundgesetzliche Erbvergleich von 1755 regelte in mehr als 100 Paragraphen das Verhältnis zwischen den mecklenburgischen Ständen und dem Landesherrn. Er bestätigte die im Laufe einer Jahrhunderte langen Entwicklung gewachsenen ständischen Privilegien. Das Gesetzgebungsrecht des Fürsten wurde für die Landesteile in ritterschaftlichem Besitz – etwa 600 adelige Besitzer von ca. 1000 Gütern waren in der Ritterschaft vereint – weitgehend eingeschränkt, die Leibeigenschaft der Bauern bestätigt. Jeder Gutsherr konnte die Verlegung und Niederlegung der leibeigenen Untertanen vornehmen. Im ritterschaftlichen Gebiet Mecklenburgs gab es im 17. Jahrhundert etwa 12000 Bauernstellen, 1729 zählte man noch über 6000, 1755 waren es 4900 bäuerliche Höfe und im Jahre 1794 existierten noch 1900 Stellen; fast alle Bauernstellen gingen in ritterlichen Gutsbetrieben auf. Im Domanialgebiet, den in fürstlichem Besitz befindlichen Landesteilen, blieben dagegen bis ins 20. Jahrhundert Tausende kleinerer Höfe erhalten.

Das großangelegte Bauernlegen im ritterschaftlichen Gebiet fand seinen Höhepunkt in der Mitte des 18. Jahrhunderts. Es ist vor allem auf den lukrativen Getreidehandel zurückzuführen. Die frühere Dreifelderwirtschaft (Wechsel von Brache, Sommer- und Wintergetreide) wurde im 18. Jahrhundert abgelöst durch die Holsteinische Methode. Hierbei wurde die gesamte Flur in sieben bis zwölf Schläge eingeteilt, abwechselnd mit Getreide, Erbsen, als Brache oder Weide bewirtschaftet. Der Kornertrag, zuvor etwa das Vier- bis Sechsfache der Aussaat, konnte verdoppelt und die Rinderhaltung durch die zusätzlichen Weiden intensiviert werden. Die bäuerliche Gemengelage einzelner Flurstreifen war für die Koppelwirtschaft hinderlich. Durch das Niederlegen der Bauernstellen bei bestehender Leibeigenschaft schuf man im ritterschaftlichen Gebiet zusammenhängende Flächen und verfügte über die notwendigen Arbeitskräfte. Die Bauern wurden besitzlose Landarbeiter.

**Französische Besetzung und Kontinentalsperre**

Während der Koalitionskriege gegen Frankreich hatte Mecklenburg offiziell Neutralität gewahrt. Nach der Niederlage der preußischen Armee bei Jena und Auerstädt flohen jedoch versprengte Truppenteile vor den Franzosen nach Norden und ignorierten die Neutralitätsschilder an der Grenze. Ende Oktober 1806 zog eine Truppe von 21000 Mann durch Mecklenburg, deren Reste bei Lübeck am 7. November 1806 kapitulierten. Mecklenburg wurde besetzt und unter französische Verwaltung gestellt und der Herzog von Mecklenburg-Schwerin für die Dauer von sieben Monaten des Landes verwiesen, u.a. weil er angeblich den flüchtenden preußischen Truppen den ungehinderten Durchzug durch das Land gewährt hatte.

Von einschneidender Wirkung auf die Wirtschaft Mecklenburgs war die Kontinentalsperre, die Napoleon bereits am 31. Oktober 1806 von Berlin aus erlassen hatte und die einen Versuch darstellte, den seit der Vernichtung der französischen Flotte durch Nelson bei Trafalgar (21. Oktober 1805) unerreichbar gewordenen Gegner England durch Sperrung aller kontinentalen Häfen niederzuringen.

Am 12. Dezember 1806 wurde bekannt gegeben, dass alle Einwohner Mecklenburgs binnen 24 Stunden Waren aus England oder den englischen Kolonien anzuzeigen hätten. Am 25. Januar 1807 erging ein neues Dekret Napoleons, wonach alle beschlagnahmten Waren in ein besonderes Magazin geschafft und dort verzeichnet werden sollten. Lebensmittel aus den Kolonien, für Manufakturen erforderliche Materialien, die feinen Tuche und verarbeiteten Produkte von Wert waren nach Frankreich zu schicken. Alles was für die Armee nutzbar gemacht werden konnte, sollte in die Militärmagazine gelangen. Lediglich die rohen Kaufmannswaren wie Eisen, Holz, Kohlen, Bier, Steingut sollten in den Orten, wo sie konfisziert wurden, verkauft werden.

Der Verkehr mit englischen Häfen, die Einfuhr und der Handel mit englischen Erzeugnissen waren um die Mitte des Jahres 1807 schon so gut wie ausgeschaltet. Bei Versuchen, verbotene Waren auf Schleichwegen ins Land zu bringen, setzten sich die Kaufleute der Gefahr aus, dass diese von den Zoll- und Steueraufsehern beschlagnahmt wurden. Außerdem war entlang der mecklenburgischen Küste eine französische Postenkette aufgestellt, die

möglichen Schmuggel der Küstenbewohner verhindern sollte.
Bereits um die Mitte des Jahres 1807 zeigten sich die Folgen des Napoleonischen Sperrsystems. Die Städte litten unter wachsenden finanziellen Forderungen der französischen Besatzung. Ein Rückgang der Geschäfte und abnehmender Verdienst waren die ersten Anzeichen einer dem Handel drohenden Krise. Da ausstehende Forderungen nicht eingezogen werden konnten, verschuldeten sich die Kaufleute, und nicht wenige mussten ihre Zahlungsunfähigkeit erklären. Einige Konkurse fielen schon in das Jahr 1807.
1807 stellten sich auch Dänemark und der russische Zar auf Napoleons Seite, der damit das gesamte europäische Festland hinter sich hatte. Als einzigen Verbündeten behielt England Schweden, auf das daher am 11. November 1807 die gleichen Sperrgesetze angewandt wurden wie gegen den englischen Handel. Der vordem ziemlich bedeutungslose Handelsverkehr Mecklenburgs mit russischen und finnischen Häfen nahm zu, konnte aber keinen Ersatz für den umfangreichen Handel Wismars mit Schweden bieten. So mussten einheimische Erzeugnisse wie Strelitzer Teer, Stettiner und Mecklenburger Kalk als minderwertige Surrogate (Ersatzstoffe) dienen. Als schlechter Ersatz für das schwedische Eisen, mit dem Wismar weit ins Land hinein die mecklenburgischen Schmiede versorgt hatte, wurde das unweit von Ueckermünde hergestellte Torgelower Eisen verwandt. Am unmittelbarsten von der Handelssperre betroffen waren solche städtischen Gewerbe, die für die Herstellung ihrer Waren auf die Einfuhr ausländischer Rohstoffe angewiesen waren. Dies traf beispielsweise auf das Wismarsche Schmiedehandwerk zu, das lediglich mit englischer Kohle und schwedischem Eisen arbeitete. Die Schmiede mussten sich auf die Verwendung von Holz und Teerkohle umstellen, die wohl billig zu haben waren, aber nur einen minderwertigen Ersatz gegenüber der englischen Steinkohle boten.

### Mailänder Dekrete

Es ließ sich nicht verheimlichen, dass es, infolge des gehemmten Seeverkehrs, dem Schmuggel gelungen war, die französischen Sperrmaßnahmen zu umgehen. Unter dem Schutz neutraler Flaggen, mit Zertifikaten neutraler Häfen, die in England täuschend gefälscht wurden, waren englische Waren als neutrale Erzeugnisse auf dem Kontinent eingeführt worden. Deshalb ordnete Napoleon durch die Mailänder Dekrete vom November und Dezember 1807 außerordentlich verschärfte Bestimmungen für die Überwachung des Schiffsverkehrs an, die ab 29. Januar 1808 auch für Mecklenburg in Kraft traten. Hier hatte sich zu Beginn des Jahres 1808 das Gerücht verfestigt, dass wegen mangelnder Aufsicht besonders in Wismar Handel mit englischen Waren getrieben worden sei. Zwei amerikanische Schiffe seien in Wirklichkeit englische gewesen, die man ohne weiteres zugelassen hätte. Den mecklenburgischen Beamten ließ sich keine Verfehlung nachweisen, der französische Konsul allerdings entzog sich einem gegen ihn eingeleiteten Verfahren durch Selbstmord. Auf Grundlage der Mailänder Dekrete musste zukünftig jeder Kapitän eines ankommenden Schiffes dem Zollinspektor sämtliche Schiffspapiere mit Angaben über den Reiseverlauf vorlegen. Zeigte sich, dass das betreffende Schiff in irgendeiner Gemeinschaft mit den Engländern gestanden hatte, so sollte es sofort beschlagnahmt und Kapitän und Mannschaft bestraft werden.

Im Februar 1808 trat Mecklenburg dem napoleonischen Rheinbund bei; der größte Teil der französischen Truppen verließ das Land. Alle Hafenplätze, Landungs- und Beobachtungspunkte wurden von mecklenburgischen Truppen besetzt. Durch den Abmarsch der Franzosen wurden die Städte endlich von den drückenden Einquartierungslasten befreit. Für eine allgemeine Besserung der Handelslage waren vorläufig aber noch keine Anzeichen vorhanden: Es wurde auch der Verkehr mit dem benachbarten Lübeck unterbunden, als ein Embargo gegen den Lübecker Hafen im Juni 1808 der gesamten hanseatischen, sowohl einheimischen als auch auswärtigen Schifffahrt selbst Lebensmittelanlandungen und Fischerei untersagte. Als einzige Verkehrsmöglichkeiten zur See blieben die Küstenschifffahrt zwischen Wismar und Rostock und der Handel mit Dänemark und Russland, die allerdings durch die sich Mitte des Jahres 1808 entwickelnde Kaperschifffahrt sehr gefährdet wurden. Zunächst waren es englische Kriegsschiffe, die in größerer Zahl an der mecklenburgischen Küste auftauchten. Während England einerseits durch diese Blockade die Unterbindung des Handels der am Kontinentalsystem beteiligten Staaten erstrebte, suchte es andererseits, den eigenen Schmuggel nach Kräften zu fördern. Aus Schweden nahmen die verbotenen Waren ihren Weg zur deutschen Ostseeküste.
Entscheidend für eine allgemeine Besserung der Handelslage im Jahr 1809 wurden zwei Faktoren: Zum ersten konnte die Küstenkontrolle nur mangelhaft durchgeführt werden, da das mecklenburgische Kontingent im März 1809 zum Ersatz der zum österreichischen Kriegsschauplatz abberufenen Franzosen nach Schwedisch-Pommern verlegt wurde. Zum zweiten nahm Schweden Verhandlungen mit Frankreich auf, womit sich auch die schwedischen Häfen dem mecklenburgischen Handel wieder erschließen konnten. Der Einfuhr schwedischer Waren unter neutraler Flagge stand nichts im Wege.

### Tarif von Trianon

Da das Ziel der wirtschaftlichen Isolierung Englands vom Kontinent durch die bisherigen Maßnahmen nicht hatte erreicht werden können, unterwarf Napoleon durch den Tarif von Trianon am 5. August 1810 alle seewärts einkommenden Waren außerordentlich hohen Zöllen. Rückwirkend wurden darüber hinaus alle im Land vorhandenen Kolonialwaren steuerpflichtig, ganz gleich, ob sie mit Erlaubnisscheinen eingeführt waren, oder von Prisen und Konfiskationen herrührten. Ziel dieser Zollpolitik Napoleons war die Verteuerung der Kolonialwaren, die sie unerschwinglich und ihren Absatz auf dem Festland ganz unmöglich machen sollten. Mitte Oktober 1810 wurden 100 französische Zollwächter über die wichtigsten Küstenpunkte Mecklenburgs verteilt. Schließlich legte ein Embargo vom 3. November 1810 die mecklenburgische Schifffahrt gänzlich still. Die anfangs noch schwedischen und Danziger Schiffen erlaubte Getreideausfuhr hörte bald auf, da der Zoll die ankommenden Schiffe beschlagnahmte. Damit war jegliche Ausfuhr von Landesprodukten gestoppt.
Mitte Februar 1812 mussten alle im Wismarer Hafen liegenden Schiffe entmastet werden, Ruder und Segel wurden beschlagnahmt.

### Ende der Kontinentalsperre

Inzwischen hatte sich die politische Lage auf dem Kontinent sehr zu Napoleons Ungunsten verändert. Russland war von ihm abgefallen und auch Schweden sagte sich vom Kontinentalbund los, schloss mit England 1812 eine Übereinkunft und mit Russland ein Bündnis. Nach dem Friedensvertrag zwischen Preußen und Russland am 30. Dezember 1812 war die Befreiung eingeleitet. Beide Mecklenburg traten im März 1813 aus dem napoleonischen Rheinbund aus. Am 23. März 1813 hob der Herzog alle von Napoleon gegen den Seehandel erlassenen Verordnungen auf; damit war die Kontinentalsperre gebrochen.

**Bauernlegen** = Das Einziehen von Bauernstellen auf gutsherrlichem Grundbesitz, um sie als Gutsland zu nutzen, entweder, wenn sie verlassen waren oder durch Ankauf freier Bauernhöfe. Häufig erfolgte dieser Ankauf unter Druck. Bereits im 15. und 16. Jh. setzte das Bauernlegen in England ein, um dadurch den Grundherren die Möglichkeit für die Schaffung von Weideland zu geben.
**Schläge** = Bereiche, in welche die gesamte Feldflur eines Dorfes eingeteilt wurde; jeder Schlag wurde jeweils mit derselben Frucht bestellt.

**10 Der Zeitgenosse G. P. H. Norrmann** *warnt im Jahr 1802 vor den Konsequenzen der mecklenburgischen Agrarverfassung des beginnenden 19. Jahrhunderts für die weitere wirtschaftliche Entwicklung.*

Mecklenburg gehört [...] ganz zu den eigentlichen ackerbautreibenden Staaten an der Ostsee, in welchen durch die Zwangsarbeit der Bauern auch bey geringen Erndten eine weit größere Menge der unentbehrlichen Lebensmittel gewonnen wird, als die schwache Menschenzahl selbst erfordert, wodurch diese Länder fortdauernd so reiche Kornkammern für das übrige Europa bleiben. Mecklenburg unterscheidet sich aber vor den übrigen ihm sonst ähnlichen Ländern noch sehr vortheilhaft durch seinen so fleißig, sorgfältig und verhältnißmäßig musterhaft getriebenen Ackerbau, dem es seinen großen Flor in neuern Zeiten verdankt, und wodurch es den reellen Nationalreichthum in einem überaus großen Verhältnis zu den vorigen Zeiten vermehrt hat. Im ersten Viertel des achtzehnten Jahrhunderts hatten die hiesigen Landgüter in ihrem Kulturzustande noch überall Spuren des dreißigjährigen Krieges, nach welchem das Land großentheils in eine Art der Verwilderung gerieth. Der Produktenertrag war daher im Vergleich mit jetzt sehr geringe. Holz bedeckte den größern Theil der Fläche, und bey den angebauten Aeckern herrschten die verwickeltesten Gemeinrechte. Die letztern verhinderten nicht nur alle bessere Kultur und Benutzung der Güter überhaupt, sondern machten auch die dreischlägige Wirthschaft nothwendig, und ließen für das Vieh nur Nahrung in Holz und Busch. Nach und nach fingen einige Güterbesitzer bey verbesserten Vermögensumständen an, die Gemeinheiten möglichst aufzuheben, dabey ihre Aecker und Wiesen durch Aushauen der Holzungen zu vermehren. [...] Die Vermehrung der Aecker und Wiesen machte nun eine Veränderung der bisherigen Dreifelderwirthschaft nothwendig. Der OberLanddrost von der Lühe gab das Beispiel zur Einführung der Schlag- und Koppelwirtschaft, die schon seit undenklichen Zeiten auf vielen Holsteinischen und einigen Lauenburgischen Gütern üblich gewesen war, wo jener sie hatte kennen lernen. Ihm folgten nach und nach mehrere [...]. Der Ertrag der Güter ward nun immer mehr erhöht, nicht blos durch Vermehrung, sondern auch bessere Bestellung der Aecker, durch Holländereien oder Holsteinische Kühereien, welche nun beträchtliche, bisher ganz unbekannte Gutseinkünfte und Vortheile gewährten, durch Ruhe der Aecker, bessere Weide, mehrern Dünger, der zweckmäßiger verwandt ward und einen größern Ertrag an Körnern. [...] Seit dem Siebenjährigen Kriege nahm zwar auch die Volksmenge in Städten und auf dem Lande verhältnißmäßig zu, hob sich aber keineswegs der immer mehr ausgebreiteten und verbesserten Landwirthschaft gemäß; das städtische Gewerbe gewann ebenfalls hie und da, aber eben so wenig gleichförmig mit solchen Staaten, wo der Landbau von der geringern Klasse der Landleute als ein freies Gewerbe getrieben [wird ...]. Der größte und sicherste Gewinn, den ein Land von seinem durch einen vortheilhaften Handel und hohe Preise der Produkte so sehr erweiterten und verbesserten Landbau haben kann, besteht eigentlich in der Beförderung und Erweiterung der innländischen städtischen Industrie, in dem größeren Wohlstande freier Landleute und einer beträchtlichen Vermehrung derselben, in der zunehmenden Volksmenge der Städte und derem größeren Wohlstande, und, als die wigtigste Folge davon, in der Vermehrung der innern Konsumtion, dem vermehrten Absatz der einheimischen Produkte im Lande selbst, und dem verhältnißmäßig bessern Preise bey Vermehrung der Konkurrenz innländischer Käufer und Verkäufer. [...] Allein Mecklenburg kann diesen großen Gewinn von den bisherigen günstigen Eräugnissen bey seiner inneren Verfassung und der Lage seines städtischen Gewerbes nicht erwarten. Bey der herrschenden Knechtschaft kann der Landmann seinen Zustand mit seinem größeren Geldgewinn nicht so verbessern wie der freiere Bauer in andern Ländern; er versteckt oder vergräbt verhältnißmäßig mehr Geld, als er auf Verbesserung seines Zustandes und Befriedigung seiner Bedürfnisse verwendet, er giebt also dem Städter weit weniger zu verdienen, als sonst geschehen würde. Der Güterbesitzer oder Landeigenthümer will mit Recht seines Wohlstandes froh werden, allein seine neuen Genüsse oder sein Aufwand erfordern meistens ausländische Natur- und Kunstprodukte, tragen also ebenfalls verhältnißmäßig wenig zur Beförderung des städtischen Gewerbes und Wohlstandes bey; ein großer Theil des erworbenen Geldreichthums, oder der Nutzungen desselben geht daher, ohne sonderlichen Vortheil für das Land wieder zum Ausländer. [...] Die einheimische Konsumtion ist bey dem jetzigen Zustande der Landwirthschaft keineswegs zum Absatz ihrer jährlichen Produktion hinlänglich, wenn der Ankauff der Ausländer für eine Zeitlang aufhört, oder die Nachfrage nur schwach und niedrig ist. Beides würde die Einschränkung des Landbaues und damit einen beträchtlichen Verlust am Nationalreichthum veranlassen.

**Gemeinrechte** = gemeinsame Nutzungsrechte
**Gemeinheiten** = was (allen gemein ist) allen gehört, in der Regel Wald- und Weideflächen
**Holländereien, Holsteinische Kühereien** = die Art der Rinderhaltung, welche die Erzeugung von Milch und deren weitere Verarbeitung zu Butter und Käse bezweckt
**Flor** = Blüte
**Nationalreichtum** = bezogen auf Mecklenburg als „Nation"

G. P. H. Norrmann, Die Freiheit des Getreidehandels. Hamburg 1802, S. 216 ff

## 11 Leibeigenschaft in Mecklenburg

§ 325 Wir und unsere Nachkommen wollen und werden überhaupt Unserer Ritter- und Landschaft, die Landes-Clöster und Rostockschen Gemeinschafts-Oerter mit eingeschlossen, in Ansehung des Zustandes und Wesens der Leibeigenschaft, und der damit behafteten Unterthanen und Bauersleute, nie Zweifel oder Hinderniß machen, hingegen alle Wege ernstlich darüber halten, und durch Unsere Landes-Gerichte halten lassen, dass Innhalts der Reversalen vom Jahr 1621 Art. XVI. die Bauersleute, die, ihnen um gewissen Pacht oder Zins eingethane Hufen, Aecker, oder Wiesen, daferne sie keine Erb- Zins- oder andere Gerechtigkeit gebührend zu erweisen vermögend sind, dem Eigenthums-Herrn auf vorhergehende Loßkündigung, wann sie solche auch vor undenklichen Zeiten besessen haben, mithin alles Einwandes von Verjährung ungeachtet, ohnweigerlich und ohne Proceß-Weitläuftigkeit abtreten und einzuräumen schuldig seyn sollen.

§ 334 Was die Verlegung und Niederlegung der Bauren anlanget; so wollen Wir die Ritter- und Landschaft inclusive der Clöster und der Rostockschen Gemeinschafts-Oerter, bey ihrem Landsittlichen Eigenthums-Recht, über ihre Leibeigene Guths-Unterthanen, und deren innehabendes Ackerwerk und Gehöfte, unbeschwert lassen, mithin ist und bleibt die Verlegung und Niederlegung einem jeden Guts-Herrn, der Gestalt frey und unbenommen, dass er den Bauren von einem Dorf zum andern zu setzen, und dessen Ackerwerck zum Hofacker zu nehmen, oder sonst dasselbe zu nutzen, Fug und Macht haben soll; jedoch mit der Maaße, dass alle und jede darauf haftende real Pflichten und Lasten, nach wie vor, deshalb vom Gute getragen, und die verlegten oder niedergelegten Bauren, nach eines jeden Guts-Herrn Convenience, auch außer oder ohne Hufen, wieder untergebracht werden. Uebrigens aber sollen ihnen an den Orten, wohin sie verlegt werden, keine neue Onera realia auferlegt werden.

Von den Leibeigenen Unterthanen der Ritter- und Landschaft, hrsg. von W. Bärensprung, Herzogl. Hochfbuchdrucker, Schwerin 1788.

## 12 Der Historiker Karl Otto Bohlmann *beschäftigt sich 1933 in seiner Dissertation mit den Auswirkungen der Kontinentalsperre auf die mecklenburgische Wirtschaft:*

„Wir sehen aus dem Lande das letzte Stück Geld herausgehen, ohne Mittel zu finden, es zu ersetzen", schrieb der Freiherr von Brandenstein am 7. Dezember 1810 an den Conseil Special in Hamburg. Mecklenburg bedürfe vieler französischer, russischer und schwedischer Produkte notwendig, und das Land habe kein Mittel, sich das Geld zum Erwerb dieser Gegenstände zu verschaffen, als durch den Verkauf seiner Naturprodukte Wolle, Pferde und besonders Getreide. [...] Die Folge [fehlender Ausfuhrmöglichkeiten] war ein erheblicher Preissturz des Korns, das nach einer reichen Ernte des Jahres 1810 in großen Mengen in den Speichern der Kaufleute lag.

Zwar wurde mehr Getreide als sonst [auf dem Landweg] verfrachtet, aber es war unmöglich, den Hauptausfuhrartikel des Wismarschen Handels auf Wagen auszuführen. [...] Die einheimischen Bodenerzeugnisse konnten auch die weit höheren Transportkosten nicht tragen. [...] Der Landmann konnte [...] seine Produkte selbst zu den niedrigsten Preisen in der Stadt nicht mehr absetzen. Der Städter aber klagte, dass die Kaufkraft der Landwirtschaft so weit gesunken sei, dass er seine Waren auf dem Lande nicht mehr anbringen könne. Die Absatzkrise der mecklenburgischen Landwirtschaft übte auf das gesamte Wirtschaftsleben die nachhaltigste Wirkung aus. Das städtische Gewerbe lag danieder, da ihm für seinen Unterhalt die notwendigsten Rohmaterialien fehlten. Schwedische Produkte wie Eisen, Teer und Pech wurden mit Gold aufgewogen. Einem tiefen Herabsinken der Preise für alle einheimischem Erzeugnisse stand ein unverhältnismäßiges Steigen aller Bedürfnisse vom Ausland gegenüber. [...] Zu den des öfteren durch die Douanen [Zollämter] stattfindenden Versteigerungen beschlagnahmter Kolonialwaren fanden sich in der Regel gar keine Käufer mehr ein, da bei den meistens schon beschädigten Gütern der französiche Zolltarif höher war, als der Preis für einwandfreie Waren.

Für landwirtschaftliche Geräte und ihre Reparaturen musste der Landmann das wenige Geld, welches er noch besaß, hergeben, da die Schmiede- und Rademacherarbeiten durch die hohen Eisen- und Steinkohlenpreise sehr verteuert wurden. Der Austausch der städtischen Güter mit denen des Landes wird stark zurückgegangen sein, da der Landmann nicht mehr kaufen konnte. [...] Die Lage der mecklenburgischen Landwirtschaft war am Ende des Jahres 1811 katastrophal zu nennen. 80 ritterschaftliche Güter hatten in diesem Jahre ihren Konkurs angemeldet.

Karl Otto Bohlmann, Die Napoleonische Kontinentalsperre und ihre Wirkungen in Wismar, Rostock (Diss.) 1933, S. 35, 54 f., S. 70.

## 13 Hauptausfuhrartikel Wismars

**Schweden:** Getreide, Obst, Kartoffeln; **Norwegen:** Getreide; **Rußland:** Obst, Branntwein, Wolle; **Finnland:** Getreide, Butter, Fische, Obst; **England**, Holland: Getreide; **Amerika:** Getreide, Hanf, Leinsaat.

Zusammengestellt nach: Friedrich Stuhr, Die Napoleonische Kontinentalsperre in Mecklenburg; in: Jahrbücher des Vereins für Mecklenburgische Geschichte und Altertumskunde, Bd. 79, Schwerin 1906, S. 361

## 14 Von Wismar ausgeführtes Getreide

| | |
|---|---:|
| **1806** | 507 Last[1] |
| **1807** | 172 Last[1] |
| **1808** | 262 Last[1] |
| **1809** | 2040 Last[1] |
| **1810** | 3789 Last[1] |
| **1811** | 0 |
| **1812** | 0 |
| **1813** | 4026 Last[1] |

Zusammengestellt nach: Friedrich Stuhr, Die Napoleonische Kontinentalsperre in Mecklenburg; in: Jahrbücher des Vereins für Mecklenburgische Geschichte und Altertumskunde, Bd. 79, Schwerin 1906, S. 361

[1] Last = großes Getreidemaß im nördlichen Europa. In Mecklenburg 37,334 Hektoliter.

## 15 Haupteinfuhrartikel Wismars

**Schweden:** Eisen, Teer, Bretter, Kupfer, Gothl. Kalk, Kohlen, Salz, Allaun, Tran, Pech, Heringe; **Norwegen:** Tran, Fische; **Dänemark:** Töpferwaren, Eisen, Pech, Kreide, Kaffee, Reis, Wein; **Schleswig=Holstein:** 1810 besonders aus Neustadt und Kiel Transitgut und Holz in kleinen Schiffen geholt; **Rußland:** Talg, Pottasche, Lichter, Leinsaat, Eisen, Getreide; **Finnland:** Bretter.; **England:** Kohlen, Salz, Rum, Kaffee.

Zusammengestellt nach: Friedrich Stuhr, Die Napoleonische Kontinentalsperre in Mecklenburg; in: Jahrbücher des Vereins für Mecklenburgische Geschichte und Altertumskunde, Bd. 79, Schwerin 1906, S. 362

| | 1806 | 1807 | 1808 | 1809 | 1810 | 1811 | 1812 | 1813 |
|---|---|---|---|---|---|---|---|---|
| Rostock | 5 | 3 | 3 | 8 | 8 | 0 | 0 | 3 |
| übriges Mecklenbg. | 0 | 0 | 0 | 0 | 4 | 0 | 0 | 1 |
| Lübeck | 12 | 10 | 1 | 4 | 25 | 0 | 0 | 4 |
| Pommern | 3 | 1 | 1 | 32 | 7 | 0 | 0 | 12 |
| Preußen | 1 | 0 | 2 | 49 | 6 | 0 | 0 | 2 |
| Schleswig-Holstein | 4 | 1 | 2 | 37 | 132 | 0 | 1 | 12 |
| übriges Dänemark | 13 | 0 | 0 | 3 | 6 | 0 | 0 | 2 |
| Norwegen | 2 | 0 | 0 | 16 | 15 | 0 | 0 | 2 |
| Schweden | 34 | 11 | 0 | 1 | 48 | 0 | 0 | 111 |
| Russland | 15 | 0 | 19 | 30 | 10 | 0 | 0 | 2 |
| Finnland | 3 | 1 | 6 | 30 | 0 | 0 | 0 | 1 |
| Hamburg | 4 | 0 | 0 | 0 | 0 | 0 | 0 | 0 |
| Oldenburg | 0 | 0 | 0 | 0 | 3 | 0 | 0 | 0 |
| Holland | 1 | 0 | 1 | 1 | 27 | 0 | 0 | 0 |
| Portugal | 2 | 0 | 1 | 0 | 0 | 0 | 0 | 1 |
| England | 1 | 0 | 0 | 0 | 0 | 0 | 0 | 25 |
| Amerika | 0 | 0 | 0 | 2 | 1 | 0 | 0 | 0 |
| unbestimmt | 10 | 1 | 0 | 1 | 4 | 0 | 0 | 1 |
| **Summe** | **110** | **28** | **36** | **214** | **296** | **0** | **1** | **179** |

**16 Ausfuhrhandel Wismars 1806–1813** Zahl und Bestimmungsort (=Land) der abgegangenen Handelsschiffe.

Zusammengestellt nach: Friedrich Stuhr, Die Napoleonische Kontinentalsperre in Mecklenburg; in: Jahrbücher des Vereins für Mecklenburgische Geschichte und Altertumskunde Bd. 79, Schwerin 1906, S. 362.

| | 1806 | 1807 | 1808 | 1809 | 1810 | 1811 | 1812 | 1813 |
|---|---|---|---|---|---|---|---|---|
| Rostock | 3 | 4 | 4 | 4 | 0 | 0 | 0 | 3 |
| übriges Mecklenbg. | 0 | 0 | 0 | 0 | 2 | 0 | 0 | 2 |
| Lübeck | 11 | 5 | 0 | 1 | 5 | 0 | 0 | 1 |
| Pommern | 1 | 0 | 1 | 6 | 1 | 0 | 0 | 1 |
| Preußen | 0 | 0 | 5 | 3 | 3 | 0 | 0 | 1 |
| Schleswig-Holstein | 5 | 1 | 0 | 5 | 134 | 0 | 1 | 12 |
| übriges Dänemark | 5 | 1 | 0 | 2 | 7 | 1 | 0 | 1 |
| Norwegen | 4 | 14 | 2 | 0 | 1 | 0 | 0 | 0 |
| Schweden | 32 | 0 | 1 | 148 | 46 | 19 | 0 | 88 |
| Russland | 6 | 0 | 2 | 8 | 6 | 3 | 0 | 0 |
| Finnland | 4 | 0 | 0 | 0 | 0 | 0 | 0 | 2 |
| Hamburg | 0 | 0 | 0 | 0 | 1 | 0 | 0 | 0 |
| Hannover | 1 | 0 | 0 | 0 | 0 | 0 | 0 | 0 |
| Holland | 2 | 1 | 0 | 0 | 0 | 0 | 0 | 0 |
| Frankreich | 0 | 0 | 0 | 0 | 2 | 0 | 0 | 0 |
| England | 3 | 0 | 0 | 0 | 0 | 0 | 0 | 11 |
| Amerika | 0 | 0 | 0 | 0 | 1 | 0 | 0 | 0 |
| **Summe** | **77** | **26** | **15** | **178** | **209** | **23** | **1** | **122** |

**17 Einfuhren von Wismar** Zahl und Herkunftsort (=Land) der angekommenen Handelsschiffe

Zusammengestellt nach: Friedrich Stuhr, a. a. O, S. 362.

**Arbeitsvorschläge**

1. Beschreiben Sie die Maßnahmen der Kontinentalsperre und stellen Sie die einzelnen Phasen ihres Verlaufs in Mecklenburg dar. (VT, M 12)
2. Arbeiten Sie die wesentlichen Kennzeichen der mecklenburgischen Agrarverfassung heraus und erörtern Sie deren Bedeutung im Gesamtzusammenhang der wirtschaftlichen Entwicklung. (VT, M 10, M 11)
3. Untersuchen Sie die Auswirkungen der von Frankreich verhängten Kontinentalsperre auf die mecklenburgische Wirtschaft. (M 10, M 12, M 14, M 16, M 17)

**18** Napoleon auf dem Höhepunkt seiner Macht: der Fürstenkongress in Erfurt 1808

## 2.5 Widerstand gegen die französische Hegemonie

Als Napoleon 1799 nach einem Staatsstreich die Regierung der französischen Republik übernahm und sich zum Konsul wählen ließ, bedeutete dies für viele Franzosen das lang ersehnte Ende der revolutionären Wirren und Unsicherheiten. Napoleon wusste einerseits der Bevölkerung sehr geschickt ein Gefühl von Stabilität und Ordnung zurückzugeben, das vielen Bürgern während der Revolution abhanden gekommen war, andererseits jedoch auch die Errungenschaften dieser Revolution nicht zu vernachlässigen. Durch innenpolitische Reformen, insbesondere die Einführung eines bürgerlichen Gesetzbuchs, des „Code Napoléon", gelang es dem ehemaligen General, die revolutionären Strömungen in ein modernes bürgerliches Staatswesen zu integrieren.
Auch in den deutschen Territorien hatte Napoleon zahlreiche Bewunderer und Anhänger, unter ihnen große deutsche Gelehrte wie Goethe und Hegel. Die einen sahen in ihm den großen Repräsentanten des Fortschritts und der Freiheit, die anderen den Bezwinger der Revolution, der es nichtsdestotrotz geschafft hatte, die erkämpften Werte in den neuen Staat zu übernehmen. Insbesondere in den süd- und westdeutschen Staaten hatte zunächst eine starke antiösterreichische, napoleonfreundliche Stimmung auch innerhalb der Bevölkerung vorgeherrscht, da die von Napoleon initiierte Neuordnung Deutschlands diese Territorien nachhaltig begünstigt hatte. Die positive Haltung gegenüber den Franzosen hielt jedoch nicht lange an. Die zunehmende Mobilisierung deutscher Soldaten für die französischen Feldzüge, die finanzielle Belastung durch die Erhebung neuer Steuern, die immer stärkere Unterdrückung der öffentlichen Meinung sowie die Beschränkungen des deutschen Handels durch die Kontinentalsperre ließen die Stimmung bald umschlagen. Mit der Unzufriedenheit der deutschen Bevölkerung wuchs auch der patriotische Widerstand, der sich nicht auf Einzelstaaten beschränkte, sondern immer stärker einen gesamtdeutschen Charakter annahm. Mit dieser Entwicklung einher ging die Entstehung einer stark nationalistisch gefärbten Rhetorik, die sich insbesondere in den literarischen Erzeugnissen dieser Zeit sowie in der wachsenden Zahl antinapoleonischer Karikaturen niederschlug.
Der deutsche Widerstand gegen die französische Herrschaft beschränkte sich jedoch nicht nur eine rhetorische und schriftliche Agitation. Schnell fanden sich zahlreiche deutsche Patrioten, die bereit waren, das Vaterland auch militärisch gegen die französischen Truppen zu verteidigen. Diese in so genannten Freikorps organisierten Freiwilligen rekrutierten sich in erster Linie aus der studentischen Jugend. Berühmtheit erlangten die Freikorps des preußischen Majors Ferdinand von Schill, des westfälischen Oberst Wilhelm Kaspar von Dörnberg in Kassel sowie insbesondere das des preußischen Majors Adolf von Lützow, dessen Rolle während der Befreiungskriege (1813/1814) noch stärker als die der anderen Freikorps glorifiziert wurde. Zu den Freiwilligen, die sich unter dem Wahlspruch „Ehre, Freiheit, Vaterland" und den Farben Schwarz-Rot-Gold im Lützowschen Freikorps zusam-

2

**19 Rückzug der „Großen Armee"**, zeitgenössischer Kupferstich.

mengeschlossen hatten, gehörten unter anderen Joseph von Eichendorff, Theodor Körner und Friedrich Ludwig („Turnvater") Jahn. Im Gedenken an die patriotischen Kämpfer entwickelte sich bereits kurze Zeit nach den Befreiungskriegen eine lebhafte Erinnerungskultur, die in unzähligen deutschen Gemeinden zur Errichtung von Denkmälern führte, welche den Schlachten oder einzelnen Kämpfern gedachten. Nicht wenige der jungen Freiwilligen erwarteten allerdings auch die Umsetzung ihrer Hoffnungen auf ein freies, liberaleres Deutschland und lehnten eine Restauration der alten feudal-absolutistischen Herrschaftsstrukturen ab.

## 2.6 Das Ende der napoleonischen Herrschaft

Es gelang Napoleon trotz der französischen Siege 1805/06 nicht mehr, den Krieg gegen England zu beenden und die Vorherrschaft Frankreichs in Europa zu stabilisieren. So schwer die Kontinentalsperre auch Großbritannien traf, der englische Handel kam nicht zum Erliegen. Der französische Handel geriet mehr und mehr selbst unter Druck. Die wachsenden Teuerungen und Engpässe schürten den Unmut in den besetzten Ländern, die ohnehin unter der fortdauernden Kriegsführung schwer zu leiden hatten. Seit 1809 waren Aufstandsversuche und Unruhen in vielen Regionen an der Tagesordnung. Am gravierendsten gestaltete sich der Widerstand in Spanien, dem Frankreich nicht mehr Herr wurde.

Das Ende der Grande Nation leitete schließlich Russland ein. Zar Alexander ging zunehmend auf Distanz zu Napoleon, entzog der Kontinentalsperre seine Unterstützung und forderte im April 1812, die Grenzrevisionen sowie den Abzug der französischen Truppen aus Polen und Preußen. Napoleon entschied sich daraufhin zur „Flucht nach vorn" und eröffnete mit mehr als 600 000 Soldaten aus ganz Europa den Krieg gegen die letzte noch existierende Großmacht auf dem Kontinent. Doch der Russland-Feldzug endete im Winter 1812 in einer Katastrophe und nur ein Bruchteil der „Großen Armee" kehrte zurück (von 15 000 Württemberger nur knapp 300 und von 1700 Mecklenburgern nur 35). Nun wechselten erst Preußen und Österreich, dann immer mehr deutsche Fürsten die Fronten und in der „Völkerschlacht" bei Leipzig im Oktober 1813 verlor Frankreich endgültig seine Vormachtstellung in Deutschland. Der Rheinbund und die Modellstaaten Westfalen, Kleve-Berg und Frankfurt zerfielen. Die französische Armee musste sich hinter den Rhein zurückziehen. Am 6. April 1814 war Napoleon zur Abdankung gezwungen und ging ins Exil nach Elba. Ein Jahr später versuchte er noch einmal die Rückkehr nach Frankreich. Er stellte ein Heer auf, wurde aber beim belgischen Waterloo ein letztes Mal von den Koalitionstruppen geschlagen. Diesmal wurde er auf die ferne Insel St. Helena verbannt, wo er 1821 starb.

**20 Napoleon trauert über sein Exil auf Elba.**
Karikatur von John Wallis, London 1814.

**21 Napoleon vor dem deutschen Kaiserthron**, Historiengemälde von Henri Paul Motte.

### 22 Kaisertum und Christentum

*Aus dem Kaiserlichen Katechismus von 1806 (Lektion VII)*

Frage: Welches sind die Pflichten der Christen gegenüber den Fürsten, die sie regieren, und welches sind insbesondere unsere Pflichten gegenüber Napoleon I., unserem Kaiser?

Antwort: Die Christen schulden den Fürsten, die sie regieren, und wir schulden insbesondere Napoleon I., unserem Kaiser, Liebe, Respekt, Gehorsam, Treue, Militärdienst, die Abgaben, die für die Erhaltung und Verteidigung des Kaiserreiches und seines Thrones angeordnet sind; wir schulden ihm auch inbrünstige Gebete für sein Wohlergehen und für die geistliche und weltliche Blüte des Staates.

Frage: Warum sind wir zu allen diesen Pflichten gegenüber unserem Kaiser angehalten?

Antwort: Erstens, weil Gott, der die Reiche schafft und sie nach seinem Willen verteilt, unseren Kaiser mit Gaben überhäuft, im Krieg wie im Frieden, und ihn zu unserem eingesetzt hat, ihn zum Diener seiner Macht und zu seinem Abbild auf Erden gemacht hat. Unseren Kaiser ehren und ihm dienen heißt, Gott selber ehren und dienen.

Frage: Gibt es nicht besondere Motive, die uns stärker an Napoleon I., unseren Kaiser, binden sollen?

Antwort: Ja, denn er ist der, den Gott in schwierigen Umständen aufgefordert hat, den öffentlichen Kult der heiligen Religion unserer Väter wiederherzustellen und deren Schutzherr zu sein. Er hat durch seine tiefe und tätige Weisheit die öffentliche Ordnung wiederhergestellt und erhalten; mit seinem starken Arm verteidigt er den Staat; durch die Weihe, die er durch den Allerhöchsten Pontifex, das Haupt der Universalkirche, erhalten hat, ist er der Gesalbte des Herrn geworden.

Frage: Was muss man von denen halten, die ihre Pflichten gegenüber unserem Kaiser verfehlen?

Antwort: Nach dem Apostel Paulus würden sie sich der von Gott selbst errichteten Ordnung widersetzen und sie würden sich der ewigen Verdammnis würdig erweisen.

Aus: Jean-Paul Bertraud, Le Premier Empire, legs de la Révolution. Paris 1973, S. 44 f., zit. nach: Vom Ancien Régime zur modernen Welt (Historisch-Politische Weltkunde) Leipzig 1990, S. 134.

### 23 Friedensvertrag von Lunéville vom 9. Februar 1801

Se. Majestät der Kaiser, König von Ungarn und Böhmen, und der erste Consul der Republik Frankreich, im Namen des Französischen Volkes, denen es beiden am Herzen liegt, den Uebeln des Kriegs ein Ende zu machen, haben sich entschlossen, zu der Abschließung eines Definitiv-Friedens- und Freundschafts-Tractats zu schreiten. Da Se. besagte Kaiserl. und Königl. Maj. nicht weniger lebhaft wünscht, das teutsche Reich der Wohlthaten des Friedens theilhaftig zu machen, und da die jetzigen Umstände nicht die nöthige Zeit lassen, damit man das Reich um Rath fragen, und es durch seine Deputirte an den Negotiationen Theil nehmen könne, so hat Se. besagte Maj. besonders in Rücksicht dessen, was von der Reichs-Deputation beim vorhergehenden Congreß zu Rastadt bewilligt worden ist, sich entschlossen, nach dem Beispiele dessen, was schon in ähnlichen Fällen statt gehabt hat, im Namen des teutschen Reichs zu stipulieren. […]

Art. I. Es soll in Zukunft, und auf immer, zwischen Sr. Maj. dem Kaiser, König von Ungarn und Böhmen, welche in ihrem Namen sowohl, als im Namen des teutschen Reichs stipuliren, und der Französischen Republik, Friede, Freundschaft, und gutes Einverständniß herrschen, und Se. obgedachte Majest. verbinden Sich, dem gegenwärtigen Tractate die Ratification des eben erwähnten teutschen Reichs, in guter und gehöriger Form zu erwirken. [...]

Art. VI. Se. Maj. der Kaiser und König willigen sowohl in Ihrem, als des teutschen Reichs Namen ein, dass die Französische Republik in Zukunft mit völliger Landes-Hoheit, und eigenthümlich jene Länder und Domainen besitze, die an dem linken Ufer des Rheins gelegen sind, und die bisher einen Theil des teutschen Reichs ausmachten; dergestalt, dass in Gemäßheit dessen, was bei dem Congreß zu Rastadt von der Reichs-Deputation ausdrücklich bewilligt, und von dem Kaiser genehmigt worden ist, der Thalweg des Rheins hinführan die Gränzscheidung zwischen der französischen Republik und dem teutschen Reiche seyn soll, nehmlich von dem Puncte an, wo der Rhein das helvetische Gebiet verlässt, bis zu jenem, wo dieser Fluß in jenes der Batavischen Republik einfließt. In Folge dessen entsagt die französische Republik förmlich allem und jedem Besitze auf dem rechten Ufer des Rheins, und williget ein, den rechtmäßigen Besitzern die Festungen Düsseldorf Ehrenbreitstein, Philippsburg, die Veste Cassel, und andere Festungswerker, gegenüber von Maynz an dem rechten Ufer, die Veste Kehl und Alt-Breisach unter der ausdrücklichen Bedingniß zurückzustellen, dass diese Plätze und Vestungen in dem nehmlichen Zustand zu verbleiben haben, in welchem sie sich bei ihrer Räumung befinden werden.

Art. VII. Und da durch die Abtretung, die das teutsche Reich der französischen Republik macht, insbesondere mehrere Fürsten und Stände des Reichs Ihrer Besitzungen, ganz oder zum Theil, entsetzt werden da es doch dem gesammten teutschen Reiche obliegt, die aus den Stipulationen des gegenwärtigen Tractats entstehenden Verluste zu tragen, so ist zwischen Sr. Maj. dem Kaiser und König, in Ihrem Namen sowohl, als in jenem des teutschen Reichs, und der französischen Republik verabredet worden, dass in Gemäßheit der auf dem Congreß zu Rastadt förmlich festgesetzten Grundsätze, das Reich verpflichtet seyn soll, jenen Erbfürsten die von ihren Besitzungen auf dem linken Rhein-Ufer entsetzet werden eine Entschädigung zu geben, welche in dem gedachten teutschen Reiche selbst genommen werden, und zwar nach den Verfügungen, die, dieser Grundlage gemäß, in der Folge genauer bestimmt werden sollen.

Zit. nach: Ulrich Hufeld, Der Reichsdeputationshauptschluß von 1803. Eine Dokumentation zum Untergang des Alten Reiches. Köln u. a. 2003, S. 57 f. und 60 f.

## 24 Der Reichsdeputationshauptschluss vom 25. Februar 1803

Die Austheilung und endliche Bestimmung der Entschädigungen geschieht, wie folgt:

§ 1. Sr. Majestät dem Kaiser, Könige von Ungarn und Böhmen, Erzherzoge von Österreich, für die Abtretung der Landvogtei Ortenau: die Bisthümer Trient und Brixen, mit ihren sämtlichen Gütern, Einkünften, eigenthümlichen Besitzungen, Rechten und Vorrechten, ohne irgend einige Ausnahme; und die in diesen beyden Bisthümern gelegenen Capitel, Abteyen und Klöster; unter der Verbindlichkeit jedoch, sowohl für den lebenslänglichen Unterhalt der beiden jetzt lebenden Fürstbischöfe und der Mitglieder der beiden Domcapitel, nach einer mit solchen zu treffenden Übereinkunft, als auch für die hierauf erfolgende Dotation der bei diesen beiden Diöcesen anzustellenden Geistlichkeit, nach dem in den übrigen Provinzen der Oesterreichischen Monarchie bestehenden Fuße zu sorgen. Alle Eigenthums- und übrigen Rechte, die Sr. Majestät dem Kaiser und König als Souverain der Erbstaaten und als höchstem Reichsoberhaupte zustehen, bleiben Ihnen vorbehalten, in so ferne diese Rechte mit der Vollziehung gegenwärtiger Urkunde bestehen können; jene Rechte hingegen, worüber besonders verfügt worden ist, gehen an die neuen Besitzer über. [...]

§ 2. Dem Churfürsten von Pfalz-Baiern für die Rheinpfalz, die Herzogthümer Zweibrücken, Simmern und Jülich, die Fürstenthümer Lautern und Veldenz, das Marquisat Bergopzoom, die Herrschaft Ravenstein und die übrigen in Belgien und im Elsaß gelegenen Herrschaften: das Bisthum Wirzburg unter den hernach vorkommenden Ausnahmen: die Bisthümer Bamberg, Freisingen, Augsburg, und das von Passau; [...] Endlich die Reichsstädte und Reichsdörfer: Rothenburg, Weißenburg, Windsheim, Schweinfurt, Gochsheim, Sennfeld, Kempten, Kaufbeurn, Memmingen, Dinkelsbühl, Nördlingen, Ulm, Bopfingen, Buchhorn, Wangen, Leutkirch und Ravensburg, nebst ihren Gebieten mit Einschlusse der freien Leute auf der Leutkircher Heide. [...]

§ 3. Dem Könige von Preußen, Kurfürsten von Brandenburg für das Herzogthum Geldern, und den auf dem linken Rheinufer gelegenen Theil des Herzogthums Cleve; für das Fürstenthum Moeurs, die Bezirke von Sevenaer, Huissen und Malburg, und für die Rhein- und Maaszölle: Die Bisthümer, Hildesheim und Paderborn; das Gebiet von Erfurt mit Untergleichen, und alle Mainzischen Rechte und Besitzungen in Thüringen; das Eichsfeld, und der Mainzische Antheil an Treffurt. Ferner die Abteyen: Herforden, Quedlinburg, Elten, Essen, Werden und Kappenberg; und die Reichsstädte Mühlhausen, Nordhausen und Goslar; endlich die Stadt Münster, nebst dem Theile des Bisthums dieses Namens [...].

§ 4. Dem Könige von England, Kurfürsten von Braunschweig-Lüneburg, für seine Ansprüche auf die Grafschaft Sayn-Altenkirchen, Hildesheim, Corvey und Höxter, und für seine Rechte und Zuständigkeiten in den Städten Hamburg und Bremen, und in derselben Gebieten, namentlich dem Gebiete der letzteren, so wie dasselbe unten bestimmt werden wird wie auch für die Abtretung des Amtes Wildeshausen: das Bisthum Osnabrück. [...]

§ 5. Dem Markgrafen von Baaden für seinen Theil an der Grafschaft Sponheim, und für seine Güter und Herrschaften im Luxemburgischen, Elsaß u. s. f. das Bisthum Constanz, die Reste der Bisthümer Speier, Basel und Straßburg, die pfälzischen Ämter Ladenburg, Breiten und Heidelberg mit den Städten Heidelberg und Mannheim; [...]

§ 27. Das Kollegium der Reichsstädte besteht in Zukunft aus den freien und unmittelbaren Städten: Augsburg, Lübeck, Nürnberg, Frankfurt, Bremen und Hamburg. [...]

§ 35. Alle Güter der fundirten Stifter, Abteyen und Klöster, in den alten sowohl, als in den neuen Besitzungen, katholischer sowohl, als A. C. verwandten, mittelbarer sowohl, als unmittelbarer, deren Verwendung in den vorhergehenden Anordnungen nicht förmlich festgesetzt worden ist, werden der freien und vollen Disposition der respectiven Landesherrn, sowohl zum Behuf des Aufwandes für Gottesdienst, Unterrichts- und andere gemeinnützige Anstalten, als zur Erleichterung ihrer Finanzen überlassen, unter dem bestimmten Vorbehalte der festen und bleibenden Ausstattung der Domkirchen, welche werden beibehalten werden, und der Pensionen für die aufgehobene Geistlichkeit, nach den unten theils wirklich bemerkten, theils noch unverzüglich zu treffenden näheren Bestimmungen.

§ 36. Die namentlich und förmlich zur Entschädigung angewiesenen Stifter, Abteyen und Klöster, so wie die der

Disposition der Landesherrn überlassenen, gehen überhaupt an ihre neuen Besitzer mit allen Gütern, Rechten, Kapitalien und Einkünften, wo sie auch immer gelegen sind, über, sofern oben nicht ausdrückliche Trennungen festgesetzt worden sind.

Zit. nach: E. R. Huber (Hg.), Dokumente zur deutschen Verfassungsgeschichte. Bd. 1: Deutsche Verfassungsdokumente 1803–1850. Stuttgart 1961, S. 1–4, 11, 15 f.

### 25 Die Rheinbundakte (12. Juli 1806)

Art. 1. Die Staaten Ihrer Majestäten der Könige von Bayern und von Württemberg, Ihrer Durchlauchten der Kurfürsten Erzkanzler und von Baden, des Herzogs von Berg und Cleve, des Landgrafen von Hessen-Darmstadt, der Fürsten von Nassau-Usingen und Nassau-Weilburg, von Hohenzollern-Hechingen und Hohenzollern-Sigmaringen, von Salm-Salm und Salm-Kyburg, des Fürsten von Ysenburg-Birstein, des Herzogs von Ahrenberg, des Fürsten von Lichtenstein und des Grafen von der Leyen werden auf ewig von dem Territorium des deutschen Reiches getrennt, und unter sich durch eine besondere Konföderation unter dem Namen: „Rheinische Bundesstaaten" vereinigt.

Art. 2. Jedes deutsche Reichsgesetz, welches Ihre Majestäten und Durchlauchten die Könige, Fürsten und den Grafen, die in dem vorhergehenden Artikel benannt sind, Ihre Unterthanen, Staaten oder Theile derselben bisher betraf, oder verband, soll künftig in Hinsicht Ihrer Majestäten und Durchlauchten und des gedachten Grafen, Ihrer Unterthanen und respective Staaten, null und nichtig und von keiner Wirkung sein. Hievon sind jedoch ausgenommen die Rechte, welche die Gläubiger und Pensionisten durch den Receß von 1803 erlangt haben, desgleichen die Verfügung des 39. Artikels dieses Receßes in Betreff der Rheinschiffahrts-Octroi, welche noch ferner nach ihrem ganzen Inhalte sollen in Vollzug gesetzt werden.

Art 3. Jeder der konföderirten Könige und Fürsten wird auf jene seine Titel, welche irgend einen Bezug auf das deutsche Reich ausdrücken, Verzicht leisten und vom ersten des nächsten Monats August dem Reichstage seine Trennung von dem deutschen Reiche anzeigen lassen. [...]

Art. 6. Die gemeinschaftlichen Interessen der verbündeten Staaten werden auf einem Bundestage verhandelt, dessen Sitz Frankfurt ist, und der sich in zwei Kollegien theilt, nämlich das Kollegium der Könige und das Kollegium der Fürsten. [...]

Art. 12. Seine Majestät der Kaiser der Franzosen wird zum Protektor des Bundes reklamirt, und ernennt in dieser Eigenschaft beim Absterben eines Fürsten Primas dessen Nachfolger. [...]

Art. 35. Zwischen dem Kaiser der Franzosen und den Staaten des rheinischen Bundes, insgesammt und einzeln genommen, soll eine Allianz Statt haben, kraft welcher jeder Kontinental Krieg, welchen einer der kontrahirenden Theile zu führen hätte, für alle Ändern zur gemeinen Sache wird. [...]

Art. 38. Dass von jedem der Alliierten, im Falle eines Krieges, zu stellende Kontingent ist festgesetzt, wie folgt: Frankreich stellt 200 000 Mann von jeder Waffengattung; das Königreich Bayern 30 000 von jeder Waffengattung; das Königreich Württemberg 12 000; der Großherzog von Baden 8 000; der Großherzog von Berg 5 000; der Großherzog von Darmstadt 4 000; der Herzog und der Fürst von Nassau stellen mit den andern verbündeten Fürsten ein Kontingent von 4 000 Mann.

U. Hufeld, Der Reichsdeputationshauptschluss von 1803, Köln 2003, S. 134 ff.

**26 „Tiddy-Doll, der große französische Pfefferkuchenbäcker, zieht ein neues Blech Könige heraus"**, englische Karikatur, James Gillray 1806.

## 27 Einmarsch in Hessen-Kassel

*Im Oktober 1806 ließ Napoleon das Fürstentum Hessen-Kassel besetzen, welches strategisch für die französischen Nachschubwege im Krieg gegen Preußen wichtig war. Hessen-Kassel war der Forderung, der Rheinbund beizutreten ausgewichen und wurde daher als Unsicherheitsfaktor angesehen. Am 5. November 1606 wies Napoleon den französischen Kommandeur der Invasionstruppen an:*

Lassen Sie die Festungswerke zu Marburg von Grund auf zerstören. Lassen Sie die Festungswerke von Hanau so in die Luft sprengen, dass der Platz rasiert wie eine Hand erscheint. Lassen Sie alle Möbel, Statuen und Effekten aus den fürstlichen Palästen nach Mainz transportieren. [...] Verlangen Sie auch zweitausend Mann von Hessen-Darmstadt. Entwaffnen Sie das Land durchaus, dass nicht eine Kanone, nicht eine Flinte darin bleibe. Im Übrigen kann man das Land mit Milde behandeln, allein, wenn sich die geringste Bewegung irgendwelcher Art zeigt, geben Sie ein fürchterliches Beispiel. Das erste Dorf, welches sich muckst, soll geplündert und verbrannt werden; die erste Ansammlung soll zerstreut und die Anführer einer Militärkommission übergeben werden. Kein Prinz des hessischen Hauses, mit Einschluss der Frauen, soll im Lande bleiben; geben Sie ihnen Pässe, um sich wegzubegeben. Verabschieden Sie alle deren Diener. Führen Sie alles dieses mit Genauigkeit und Festigkeit aus, zugleich aber mit aller französischen Artigkeit und den Rücksichten auf das weibliche Geschlecht.

E. Kleßmann (Hg.), Deutschland unter Napoleon in Augenzeugenberichten, Düsseldorf 1965, S. 220.

## 28 Erklärung der Rheinbundstaaten über ihren Austritt aus dem Reich vom 1. August 1806:

Die Begebenheiten der drei letzten Kriege, welche Deutschland beinahe ohnunterbrochen beunruhigt haben, und die politischen Veränderungen, welche daraus entsprungen sind, haben die traurige Wahrheit in das hellste Licht gesetzt, daß das Band, welches bisher die verschiedenen Glieder des deutschen Staatskörpers mit einander vereinigen sollte, für diesen Zweck nicht mehr hinreiche, oder vielmehr, daß es in der That schon aufgelöst sey; das Gefühl dieser Wahrheit ist schon seit langer Zeit in dem Herzen jedes Deutschen, und so drückend auch die Erfahrung der letztern Jahre war, so hat sie doch im Grunde nur die Hinfälligkeit einer in ihrem Ursprünge ehrwürdigen, aber durch den allen menschlichen Anordnungen anklebenden Unbestand fehlerhaft gewordenen Verfassung bestätiget. Nur diesem Umstande muß man ohne Zweifel die im Jahre 1795 im Reiche selbst sich hervorgethane Trennung zuschreiben, die eine Absonderung des nördlichen und südlichen Deutschlands zur Folge hatte. Von diesem Augenblicke an mußten nothwendig alle Begriffe von gemeinschaftlichem Vaterlande und Interesse verschwinden; die Ausdrücke: Reichskrieg und Reichsfrieden, wurden Worte ohne Schall; vergeblich suchte man Deutschland mitten im deutschen Reichskörper. [...] Der Friede von Lüneville, und mehr noch der Reichsschluß von 1803, hätten allerdings hinlänglich scheinen sollen, um der deutschen Reichsverfassung neues Leben zu geben, indem sie die schwachen Theile des Systems hinweggräumten und die Hauptgrundpfeiler desselben befestigten. Allein die in den letztverflossenen zehn Monaten unter den Augen des ganzen Reichs sich zugetragenen Ereignisse haben auch diese letzte Hoffnung vernichtet und die gänzliche Unzulänglichkeit der bisherigen Verfassung auf's Neue außer allem Zweifel gesetzt. Bei dem Drange dieser wichtigen Betrachtungen haben die Souverains und Fürsten des mittäglichen und westlichen Deutschlands sich bewogen gefunden, einen neuen und den Zeitumständen angemessenen Bund zu schließen. Indem sie sich durch gegenwärtige Erklärung von ihrer bisherigen Verbindung mit dem deutschen Reichskörper lossagen, befolgen sie bloß das durch frühere Vorgänge und selbst durch Erklärungen der mächtigeren Reichsstände aufgestellte System. Sie hätten zwar den leeren Schein einer erloschenen Verfassung beibehalten können, allein sie haben im Gegentheil ihrer Würde und der Reinheit ihrer Zwecke angemessener geglaubt, eine offene und freie Erklärung ihres Entschlusses und der Beweggründe, durch welche sie geleitet worden sind, abzugeben. Vergeblich aber würden sie sich geschmeichelt haben, den gewünschten Endzweck zu erreichen, wenn sie sich nicht zugleich eines mächtigen Schutzes versichert hätten, wozu sich nunmehr der nämliche Monarch, dessen Absichten sich stets mit dem wahren Interesse Deutschlands übereinstimmend gezeigt haben, verbindet. Eine so mächtige Garantie ist in doppelter Hinsicht beruhigend. Sie gewährt die Versicherung, daß Se. Majestät der Kaiser von Frankreich, Allerhöchstdero Ruhms halber eben so sehr, als wegen des eigenen Interesse des französischen Kaiserstaates, die Aufrechterhaltung der neuen Ordnung der Dinge in Deutschland und die Befestigung der inneren und äußeren Ruhe sich angelegen seyn lassen werden.

Zit. nach: Hufeld, Reichsdeputationshauptschluß, S. 138 f.

## 29 Gegen die englische Alleinherrschaft

*Der Präfekt des hessischen Siegdepartements erläuterte den nachgeordneten Behörden die politischen Gründe für die Aufrechterhaltung und Verschärfung der Kontinentalsperre.*

Dillenburg, 6. November 1810:

[...] England hat schon lange die Absicht, den Kontinent seinem Alleinhandel zu unterwerfen und ihm nur diejenigen Sachen, welcher es sich gern entübrigen wollte, für willkürliche Preise zukommen zu lassen, nicht verhehlen können und solche auch bis jetzt mit einer gehässigen Hartnäckigkeit nicht aus dem Auge gelassen. Es würde um Europa geschehen sein, wenn dieses Projekt keinen Widerstand gefunden hätte. England würde ohne Aufenthalt die Alleinherrschaft an sich gezogen, sich den Handel und den Gewerbefleiß des Kontinents zinsbar gemacht und Ihnen die Grenzen vorgeschrieben haben, wo Sie seinen Befehlen gemäß hätten stillstehen müssen.

Man wird ohne Mühe einsehen, wie nachteilig ein solcher Zustand sein würde, besonders in diesem Zeitraum der verfeinerten Bildung, in welcher der Handel und die Künste nicht bloß unter den Mitteln den höheren Wohlstand zu befördern, sondern auch unter jenen, die Völker der Welt nebeneinander bestehen zu lassen, einen so erhabenen Rang einnehmen. Glücklichweise für das feste Land hat sich in der Person unseres großen Monarchen ein Streiter erhoben, der in dieser wichtigen Fehde die englische Habsucht bloßgestellt und es übernommen hat, ihr Schranken zu setzen. Er streitet für die Freiheit, für den Gewerbefleiß, für den freien Handel und die Fortdauer von zwanzig Nationen. Er hat hierdurch von einem Ende der Welt bis zum anderen den gerechtesten Anspruch auf die Bewunderung, Vereinigung und Mitwirkung aller Freunde der Gerechtigkeit und jener liberalen Ideen, wodurch die gebildeten Völker überall vereinigt werden sollen. Sie meine Herren, haben die Ehre, auch teilzunehmen an dieser großen Fehde, worin es um Freiheit und Wohlstand gilt.

Zit. nach: Klaus Eiler (Hg.), Hessen im Zeitalter der industriellen Revolution, Frankfurt/M. 1984, S. 19 f.

### 30 Die Wirkung der Kontinentalsperre auf das heutige Sachsen-Anhalt

Eine zwiespältige Wirkung ging – nicht nur für Westfalen, sondern ebenso in Anhalt und in den preußischen Gebieten – von der durch Napoleon am 21. November 1806 dekretierten Kontinentalsperre aus. Sie sollte den Hauptkonkurrenten Frankreichs, das bürgerliche England, an seinem empfindlichen Nerv treffen. Die Einfuhr englischer Waren war verboten; selbst das Wenige, was bis nach Mitteldeutschland durchgeschmuggelt werden konnte, spürten häufig Beamte [...] in Speichern und Läden der Groß- und Kleinhändler auf. Im Ergebnis einer solchen Aktion wurden Ende November/Anfang Dezember 1810 in Halle, Halberstadt, Magdeburg und weiteren Orten die beschlagnahmten Waren – ballenweise Tuche und andere Manufakturerzeugnisse – öffentlich den Flammen übergeben.

Gleichzeitig kam der Getreidehandel nach England und Spanien zum Erliegen. Doch erhöhte sich der Verdienst der Kornhändler in Magdeburg, der Branntweinbrenner in Quedlinburg, der altmärkischen Viehhändler und überhaupt aller, die Produkte erstellen und vermitteln konnten, welche die napoleonische und westfälische Armee benötigten. Der Ausfall von Manufakturwaren und – infolge der englischen Gegenblockade – auch von Überseeprodukten förderte Eigen- bzw. Ersatzproduktionen. Nicht allein Nathusius[1] baute Tabak an und Runkelrüben zur Zuckergewinnung; in Quedlinburg begann in den privatisierten Stiftsgärten die Züchtung möglichst ertragreichen Rübensamens, aber auch anderer Sämereien, womit der Anstoß zur späteren Weltgeltung des Ortes in der Samenzucht gelegt war. Von der Zichorie (Chicoree), der bis dahin im Magdeburger Umland als Gemüse gebaut worden war, wurden die Bitterstoffe enthaltenden Wurzeln in speziellen Verfahren fabrikmäßig zu einem Kaffee-Ersatz verarbeitet, zu falschem Kaffee (mocca faux) oder Muckefuck.

Geschichte Sachsen-Anhalts, Band II, hrsg. von dem Landesheimatbund Sachsen-Anhalt e.V., München 1993, S. 94 f.

[1] Der Tabakmanufakturist Johann Gottlob Nathusius begann ab 1810 auf dem von ihm erstandenen, von der preußischen Regierung säkularisierten Klostergutes Althaldensleben, den Anbau von Tabak, Zuckerrüben, Kartoffeln, Getreide und anderen Nutzpflanzen sowie mit der Errichtung von Anlagen zu deren Verarbeitung.

### 31 Der Code Civil, 1804, über die Ehe und Erziehung

Art. 144: Mannspersonen können nicht heirathen, ehe sie das achtzehnte Jahr, Frauenzimmer nicht, ehe sie das fünfzehnte Jahr zurückgelegt haben.

Art. 145: Der Kaiser kann gleichwohl aus wichtigen Beweggründen in dem Alter dispensieren.

Art. 146: Ohne Einwilligung gibt es keine Ehe.

Art. 147: Man kann keine zweyte Ehe schließen, bevor die erste aufgelöst ist.

Art. 148: Ein Sohn, eher er das fünf und zwanzigste Jahr seines Alters, und eine Tochter, ehe sie das ein und zwanzigste Jahr ihres Alters zurückgelegt hat, können ohne Bewilligung ihres Vaters und ihrer Mutter nicht heirathen. Sind diese verschiedener Meinung, so ist die Einwilligung des Vaters hinreichend. [...]

Art. 203: Die Ehegatten übernehmen miteinander schon dadurch allein, dass sie heirathen, die Verbindlichkeit ihre Kinder zu ernähren, zu unterhalten und zu erziehen. [...]

Art. 213: Der Mann ist seiner Frau Schutz, und die Frau ihrem Manne Gehorsam schuldig. [...]

Art. 215: Die Frau kann ohne Autorisation ihres Mannes nicht vor Gericht stehen, selbst dann nicht, wenn sie öffentlich in ihrem eigenen Namen Handels-Geschäfte treibt, mit ihrem Manne in keiner Güter-Gemeinschaft lebt, oder ihr Vermögen ausschließlich für sich allein genießt. [...]

Art. 375: Der Vater, der besonders wichtige Ursachen hat, über das Betragen seines Kindes missvergnügt zu seyn, kann sich folgender Zuchtmittel bedienen.

Art. 376: Hat das Kind das sechszehnte Jahr seines Alters noch nicht angetreten, so kann der Vater es auf einige Zeit, länger aber nicht als auf einen Monat, einsperren lassen. [...]

Art. 377: Nach dem Eintritt in's sechszehnte Jahr des Alters bis zur Volljährigkeit oder Emancipation kann der Vater nur dahin antragen, dass sein Kind höchstens sechs Monate lang eingesperrt werde [...].

Zit. nach: Bernd Sösemann, Revolution und Reform. Modernisierung von Staat und Gesellschaft in Frankreich und Deutschland um 1800. Stuttgart 1997, S. 54 f.

**32** Französischer Farbdruck von 1803

### 33 Präambel des von Freiherr vom Stein durchgesetzten „Oktoberedikts" vom 9. Oktober 1807

Wir Friedrich Wilhelm, von Gottes Gnaden, König von Preußen

[...] Wir haben [...] erwogen, daß es [...] eben sowohl den unerlässlichen Forderungen der Gerechtigkeit, als den Grundsätzen einer wohlgeordneten Staatswirtschaft gemäß sey, Alles zu entfernen, was den Einzelnen bisher hinderte, den Wohlstand zu erlangen, den er nach dem Maaß seiner Kräfte zu erreichen fähig war; Wir haben ferner erwogen, daß die vorhandenen Beschränkungen theils in Besitz und Genuß des Grund-Eigenthums, theils in den persönlichen Verhältnissen des Land-Arbeiters Unserer wohlwollenden Absicht vorzüglich entgegen wirken, und der Wiederherstellung der Kultur eine große Kraft seiner Thätigkeit entziehen, jene, indem sie auf den Werth des Grund-Eigenthums und den Kredit des Grundbesitzers einen höchst schädlichen Einfluß haben, diese, indem sie den Wert der Arbeit verringern. Wir wollen daher beides auf diejenigen Schranken zurückführen, welche das gemeinsame Wohl nöthig macht, und verordnen daher Folgendes:

§ 1. Jeder Einwohner Unsrer Staaten ist, ohne alle Einschränkung in Beziehung auf den Staat, zum eigenthümlichen und Pfandbesitz unbeweglicher Grundstücke aller Art berechtigt; der Edelmann also zum Besitz nicht blos adelicher, sondern auch unadelicher, bürgerlicher und bäuerlicher Güter aller Art, und der Bürger und Bauer zum Besitz nicht blos bürgerlicher, bäuerlicher und anderer unadelicher, sondern auch adelicher Grundstücke …

§ 2. Jeder Edelmann ist, ohne allen Nachtheil seines Standes, befugt, bürgerliche Gewerbe zu treiben; und jeder Bürger oder Bauer ist berechtigt, aus dem Bauer- in den Bürger- und aus dem Bürger- in den Bauernstand zu treten. […]

§. 10. Nach dem Datum dieser Verordnung entsteht fernerhin kein Unterthänigkeits-Verhältniß, weder durch Geburt, noch durch Heirath, noch durch Uebernehmung einer unterthänigen Stelle, noch durch Vertrag.

§. 11. Mit der Publikation der gegenwärtigen Verordnung hört das bisherige Unterthänigkeits-Verhältniß derjenigen Unterthanen und ihrer Weiber und Kinder, welche ihre Bauergüter erblich oder eigenthümlich, oder Erbzinsweise, oder Erbpachtlich besitzen, wechselseitig gänzlich auf.

§ 12. Mit dem Martini-Tage Eintausend Achthundert und Zehn (1810) hört alle Guts-Unterthänigkeit in Unsern sämtlichen Staaten auf. Nach dem Martini-Tage 1810 gibt es nur freie Leute, so wie solches auf den Domainen in allen Unsern Provinzen schon der Fall ist, bei denen aber, wie sich von selbst versteht, alle Verbindlichkeiten, die ihnen als freien Leuten vermöge des Besitzes eines Grundstücks, oder vermöge eines besondern Vertrages obliegen, in Kraft bleiben.

Zit. nach: E. R. Huber (Hg.), Dokumente zur deutschen Verfassungsgeschichte, Bd. 1, Stuttgart 1978, S. 38 ff.

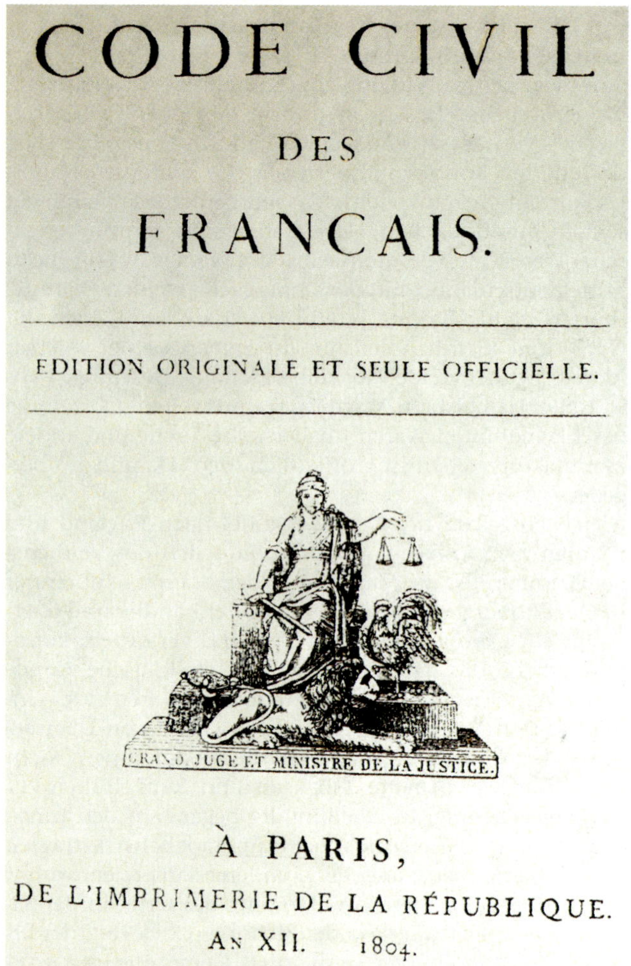
CODE CIVIL
DES
FRANCAIS.

EDITION ORIGINALE ET SEULE OFFICIELLE.

GRAND JUGE ET MINISTRE DE LA JUSTICE.

À PARIS,
DE L'IMPRIMERIE DE LA RÉPUBLIQUE.
AN XII. 1804.

**34** **Der Code Civil (Code Napoleon)** wurde 1804 zum ersten bürgerlichen Gesetzbuch. Es garantierte u. a. die Gleichheit vor Gericht und Religionsfreiheit, schränkte jedoch die in der Revolution geschaffenen Rechte der Frau wieder ein.

**35** **Wirkungen und Ende der Rebellionen.** Karikatur von Johann Friedrich August Clar 1805.

**36 Jerôme Bonaparte (1784–1860) König von Westfalen**

### 37 Gewerbefreiheit (Preußisches Gesetz vom 28. Oktober 1810)

Wir Friedrich Wilhelm, von Gottes Gnaden, König von Preußen

In dem Edikt über die Finanz-Verwaltung vom 27. v. M. haben Wir Unsern getreuen Unterthanen die Notwendigkeit eröffnet, in der Wir Uns befinden, auf eine Vermehrung der Staatseinnahmen zu denken.

Unter den Mitteln zu diesem Zweck hat Uns die Einführung einer allgemeinen Gewerbesteuer für Unsere getreuen Unterthanen weniger lästig geschienen, besonders da wir damit die Befreiung der Gewerbe von ihren drückendsten Fesseln verbinden, Unseren Unterthanen die ihnen beim Anfange der Reorganisation des Staats zugesicherte vollkommene Gewerbe-Freiheit gewähren und das Gesammtwohl derselben auf eine wirksame Weise befördem können.

Wir verordnen daher und setzen fest:

§. 1. Ein jeder, welcher in Unsern Staaten, es sey in den Städten, oder auf dem platten Lande, sein bisheriges Gewerbe, es bestehe in Handel, Fabriken, Handwerken, es gründe sich auf eine Wissenschaft oder Kunst, fortsetzen oder ein neues unternehmen will, ist verpflichtet, einen Gewerbeschein darüber zu lösen und die in dem beigefügten Tarif A. angesetzte Steuer zu zahlen. Das schon erlangte Meister-Recht, der Besitz einer Concession befreien nicht von dieser Verbindlichkeit.

§. 2. Der Gewerbeschein giebt demjenigen, auf dessen Namen er ausgestellt ist, die Befugniß, ein Gewerbe fortzusetzen oder ein neues anzufangen. [...]

Zit. nach: E. R. Huber (Hg.), Dokumente zur deutschen Verfassungsgeschichte, Bd. 1, Stuttgart 1978, S. 43 f.

### 38 Emanzipation der Juden

*a) Westfalen: Das von König Jérôme unterzeichnete „Dekret, welches die den Juden aufgelegten Abgaben aufhebt", Kassel 27. Januar 1808:*

Art. 1: Unsere Unserthanen, welche der Mosaischen Religion zugethan sind, sollen in Unseren Staaten dieselben Rechte und Freiheiten genießen, wie Unsre übrigen Unterthanen.

Art. 2: Denjenigen Juden, welche, ohne Unsere Unterthanen zu seyn, durch Unser Königreich reisen, oder darin aufhalten, sollen dieselben Rechte und Freiheiten zustehen, die jedem andern Fremden eingeräumt werden.

Art. 3: Diesem zufolge sind alle Auflagen und Abgaben, welche allein von den Juden zu entrichten sind, bei welcher Gelegenheit und unter welcher Benennung sie auch erlegt werden mögen, hiermit gänzlich aufgehoben. Es wird demnach allen Edelleuten, Lehnsherrn, und andern Gutsbesitzern, die Unserer Hoheit unterworfen sind, verboten, diese Abgaben ferner zu erheben, oder erheben zu lassen, widrigenfalls sie vollständige Schadloshaltung leisten, auch als solche, die sich Erpressungen zu Schulden haben kommen lassen, gerichtlich verfolgt werden sollen.

*b) Baden: Rechtsbestimmungen für die Juden im vom Großherzog Karl Friedrich unterzeichneten Konstitutionsedikt, Karlsruhe 4. Juni 1808:*

Die Einwohner der jüdischen Nation können in keiner Hinsicht mehr unter leibeigene oder erbpflichtige Leute gezählt werden, sondern sie sind als erbfreie Staatsbürger zu behandeln, und genießen alle oben bestimmten allgemeinen staatsbürgerlichen Rechte, welche nach dem ersten Constitutions-Edict über die Kirchenverfassung nicht ausgenommen sind. Zwar sollen sie noch zur Zeit, und so lange sie nicht eine, zu gleicher Nahrungsart und Arbeitsfähigkeit mit den christlichen Einwohnern hinreichende Bildung im Allgemeinen angenommen haben, und so lange nicht darauf hin etwas Anderes durch die Staatsgesetze verordnet wird, an keinem Orte zur Wohnung zugelassen werden, wo bis hierher noch keine waren, ohne Einwilligung der Ortsgemeinde und besondere Erlaubniss des Regenten, auch da, wo sie bisher waren, sollen sie im Allgemeinen noch nicht als Gemeindsbürger, sondern nur, gleich anderen zum Ortsbürgerrecht nicht geeigneten Christen, als Schutzbürger anerkannt werden, jedoch bleibt Uns vorbehalten, Jeden, welcher wegen den Bürgerrechts-Erfordernissen überhaupt, uns insbesondere wegen einer mit den Christen gleichförmigen Nahrungsart sich ausweiset, gleich jetzo schon allda mit dem Ortsbürgerrecht zu begnaden. Annebst haben sie, so weit ihre künftig empfangende Schutzbriefe nichts Mehreres oder Minderes besagen, da, wo sie wohnen, alle Rechte der Schutzbürger, und alle Gemeinschaft am Ortsrecht, gleich anderen christlichen Schutzbürgern, müssen aber auch allen Pflichten sich unterwerfen, die dem Schutzbürger obliegen, und nach gleichen Gesetzen leben, wie die Christen, so weit nicht ihre Religionsvergünstigungen eine nothwendige Enthebung in einem oder andern Punct mit sich bringt, welche Nothwendigkeit doch nach talmudischen Deutungen, sondern lediglich nach Ausweis des mosaischen Rechts zu beurtheilen ist. Ihr Bestreben, eine bessere Bildung anzunehmen, wird über die nach und nach mögliche Erweiterung und völlige Ausgleichung ihrer Staatsbürgerrechte mit den ortsbürgerlichen entscheiden.

*c) Preußen: Von König Friedrich Wilhelm III. unterzeichnetes „Edikt, betreffend die bürgerlichen Verhältnisse der Juden in dem Preußischen Staate", Berlin 11. März 1812:*

Wir Friedrich Wilhelm, von Gottest Gnaden König von Preußen [...] haben beschlossen, den jüdischen Glaubensgenossen in Unserer Monarchie eine neue, der allgemeinen Wohlfahrt angemessene Verfassung zu ertheilen, erklären alle bisherige, durch das gegenwärtige Edikt nicht bestätigte Gesetze und Vorschriften für die Juden für aufgehoben und verordnen wie folgt:

Art. 1: Die in Unsern Staaten jetzt wohnhaften, mit General-Privilegien, Naturalisations-Patenten, Schutzbriefen und Konzessionen versehenen Juden und deren Familien sind für Einländer und Preußische Staatsbürger zu achten.
Art. 2: Die Fortdauer dieser ihnen beigelegten Eigenschaft als Einländer und Staatsbürger wird aber nur unter der Verpflichtung gestattet: dass sie fest bestimmte Familien-Namen führen, und dass sie nicht nur bei Führung ihrer Handelsbücher, sondern auch bei Abfassung ihrer Verträge und rechtliche Willens-Erklärungen der deutschen oder einer andern lebenden Sprache, und bei ihren Namens-Unterschriften keiner andern, als deutscher oder lateinischer Schriftzüge sich bedienen sollen.
Art. 3: Binnen sechs Monaten, von dem Tage der Publikation dieses Edikts an gerechnet, muss ein jeder geschützte oder konzessionirte Jude vor der Obrigkeit seines Wohnorts sich erklären, welchen Familien-Namen er beständig führen will. Mit diesem Namen ist er, sowohl in öffentlichen Verhandlungen und Ausfertigungen, als im gemeinen Leben gleich einem jedem andern Staatsbürger, zu benennen. [...]
Art. 7: Die für Einländer zu achtende Juden [...] sollen [...] gleiche bürgerliche Rechte und Freiheiten mit den Christen genießen.
Art. 8: Sie können daher akademische Lehr- und Schul- auch Gemeinde-Aemter, zu welchen sie sich geschickt gemacht haben, verwalten.
Art. 9: In wie fern die Juden zu andern öffentlichen Bedienungen und Staats-Aemtern zugelassen werden können, behalten Wir Uns vor, in der Folge der Zeit, gesetzlich zu bestimmen.
Art. 10: Es stehet ihnen frei, in Städten sowohl, als auf dem platten Lande sich niederzulassen.
Art. 11: Sie können Grundstücke jeder Art, gleich den christlichen Einwohnern, erwerben, auch alle erlaubte Gewerbe mit Beobachtung der allgemeinen gesetzlichen Vorschriften treiben.
Art. 12: Zu der aus dem Staatsbürgerrechte fließenden Gewerbefreiheit, gehört auch der Handel.
Art. 13: Den auf dem platten Lande wohnenden Juden und ihren Angehörigen steht nur frei, denjenigen Handel zu treiben, der den übrigen Bewohnern desselben gestattet ist.
Art. 14: Mit besondern Abgaben dürfen die einländischen Juden, als solche, nicht beschweret werden.
Art. 15: Sie sind aber gehalten, alle den Christen gegen den Staat und die Gemeinde ihres Wohnorts obliegende bürgerlichen Pflichten, zu erfüllen, und mit Ausnahme der Stol-Gebühren, gleiche Lasten, wie andere Staatsbürger zu tragen. [...]
Art. 17: Ehebündnisse können einländische Juden unter sich schließen, ohne hierzu einer besondern Genehmigung oder der Losung eines Trauscheins zu bedürfen, in so fern nicht nach allgemeinen Vorschriften die von Andern abhängige Einwilligung oder Erlaubniss zur Ehe überhaupt erforderlich ist.
Art. 18: Eben dieses findet statt, wenn ein einländischer Jude eine ausländische Jüdin heirathet.

**39** **Der Universalmönch,** anonyme Karikatur von 1814.

Art. 19: Durch die Heirath mit einer einländischen Jüdin erlangt aber kein fremder Jude das Recht, in hiesige Staaten sich niederzulassen.

Art. 20: Die privatrechtlichen Verhältnisse der Juden sind nach eben denselben Gesetzen zu beurtheilen, welche andern Preußischen Staatsbürgern zur Richtschnur dienen. [...]

Art. 29: In Absicht des Gerichtsstandes und der damit verbundenen vormundschaftlichen Verwaltung findet ebenfalls zwischen Christen und Juden kein Unterschied statt. Nur in Berlin bleibt es vorerst bei dem, den Juden zugewiesenen besonderes Gerichtsstande.

Art. 30: In keinem Fall dürfen sich Rabbiner und Juden-Aeltesten weder eine Gerichtsbarkeit noch eine vormundschaftliche Einleitung und Direktion anmaßen. [...]

Art. 37: Wegen des Verbots wider das Hausiren überhaupt, hat es bei den Polizei-Gesetzen auch in Absicht der Juden sein Bewenden.

Art. 38: In Königsberg in Preußen, in Breslau und Frankfurt an der Oder dürfen fremde Juden, so lange die Messzeit dauert, mit Genehmigung der Obrigkeit, sich aufhalten.

Art. 39: Die nöthigen Bestimmungen wegen des kirchlichen Zustandes und der Verbesserung des Unterrichts der Juden werden vorbehalten, und es sollen bei der Erwägung derselben, Männer jüdischen Glaubensbekenntnisses, die wegen ihrer Kenntnisse und Rechtschaffenheit das öffentliche Vertrauen genießen, zugezogen und mit ihrem Gutachten vernommen werden.

Zit. nach: W. Demel/U. Puschner, (Hg.) Deutsche Geschichte in Quellen und Darstellung, Bd. 6, Stuttgart 1995, S. 207–216.

## 40 An den preußischen König gerichteter Antrag Wilhelm von Humboldts auf Errichtung der Universität Berlin, 12. Mai 1809

Weit entfernt, dass das Vertrauen, welches ganz Deutschland ehemals zu dem Einfluße Preussens auf wahre Aufklärung und höhere Geistesbildung hegte, durch die letzten unglücklichen Ereignisse gesunken sey; so ist es vielmehr gestiegen. Man hat gesehen, dass in allen neueren Staatseinrichtungen Ew. Königl. Majestät der Sinn herrscht, welcher in jenen wichtigsten aller Vorzüge auch den höchsten Zweck jeder Staatsvereinigung erkennt; man hat die Bereitwilligkeit bewundert, mit welcher auch in grossen Bedrängnissen wissenschaftliche Institute unterstützt und selbst ansehnlich verbessert worden sind. Ew. Königl. Majestät Staaten können und werden daher fortfahren von dieser Seite den ersten Rang in Deutschland zu behaupten, und auf seine intellectuelle und moralische Richtung den entscheidendsten Einfluss auszuüben.

Sehr viel hat zu jenem Vertrauen der Gedanke der Einrichtung einer Universität in Berlin beigetragen. Schulen und Gymnasien sind von dem wichtigsten Nutzen für das Land, in dem sie sich befinden. Allein nur Universitäten können demselben Einfluss auch über seine Gränzen hinaus zusichern, und auf die Bildung der ganzen, dieselbe Sprache redenden Nation einwirken. Wenn Ew. Königliche Majestät nunmehr diese Einrichtung förmlich bestätigten und die Ausführung sicherten, so würden Sie Sich aufs neue Alles, was sich in Deutschland für Bildung und Aufklärung interessirt, auf das festeste verbinden; einen neuen Eifer und neue Wärme für das Wiederaufblühen Ihrer Staaten erregen, und in einem Zeitpunkt, wo ein Theil Deutschlands vom Kriege verheert, ein andrer in fremder Sprache von fremden Gebietern beherrscht wird, der deutschen Wissenschaft eine vielleicht kaum jetzt noch gehofte Freistatt eröffnen. [...]

Die schon bey Ew. Königlichen Majestät ersten Entschliessung hinlänglich gegen einander abgewogenen Vortheile und Nachtheile bei Errichtung einer Universität in Berlin, glaube ich nicht aufs neue berühren zu müssen. Wie brauchbare Landes-Universitäten Königsberg und Frankfurt theils schon jetzt sind, theils gewiss noch in der Folge werden sollen, so können sie doch nie, auch mit dem grössesten Aufwande, einen bedeutenden Einfluss auf das Ausland gewinnen; die Wahl eines neuen Orts bietet noch mehr Schwierigkeiten dar, und es bleibt nur Eins von beiden übrig; man muss eine Universität in Berlin errichten, oder überhaupt auf eine glänzende, auch Ausländer anziehende Universität Verzicht thun.

W. v. Humboldt, Schriften zur Politik und zum Bildungswesen. Darmstadt 1964, S. 29 ff.

## 41 Gesetz über die Verpflichtung zum Kriegsdienst, 3. September 1814

Wir Friedrich Wilhelm, von Gottes Gnaden König von Preußen

Die allgemeine Anstrengung Unsers treuen Volkes ohne Ausnahme und Unterschied, hat in dem so eben glücklich beendeten Kriege, die Befreiung des Vaterlandes bewirkt; und nur auf solchem Wege ist die Behauptung dieser Freiheit und der ehrenvolle Standpunkt, den sich Preußen erwarb, fortwährend zu sichern.

Die Einrichtungen also, die diesen glücklichen Erfolg hervorgebracht, und deren Beibehaltung von der ganzen Nation gewünscht wird, sollen die Grundgesetze der Kriegsverfassung des Staats bilden und als Grundlage für alle Kriegseinrichtungen dienen, denn in einer gesetzmäßig geordneten Bewaffnung der Nation, liegt die sicherste Bürgschaft für einen dauernden Frieden. Die bisher, über die Ergänzung der Armee bestandenen, älteren Gesetze werden daher hiemit aufgehoben und dagegen festgesetzt:

§. 1. Jeder Eingeborne, sobald er das 20. Jahr vollendet hat, ist zur Verteidigung des Vaterlandes verpflichtet. Um diese allgemeine Verpflichtung indeß, besonders im Frieden, auf eine solche Art auszuführen, dass dadurch die Fortschritte der Wissenschaften und Gewerbe nicht gestört werden, so sollen in Hinsicht der Dienstleistung und Dienstzeit folgende Abstufungen statt finden.

§. 2. Die bewaffnete Macht soll bestehen,
a) aus dem stehenden Heere,
b) der Landwehr des ersten Aufgebots,
c) der Landwehr des zweiten Aufgebots,
d) aus dem Landsturm.

§ 3. Die Stärke des stehenden Heeres und der Landwehr wird nach den jedesmaligen Staatsverhältnissen bestimmt.

§. 4. Die stehende Armee ist beständig bereit ins Feld zu rücken, sie ist die Haupt-Bildungsschule der ganzen Nation für den Krieg, und umfasst alle wissenschaftliche Abtheilungen des Heeres. [...]

§. 7. Junge Leute aus den gebildeten Ständen, die sich selbst kleiden und bewaffnen können, sollen die Erlaubniß bekommen, sich in die Jäger- und Schützenkorps aufnehmen zu lassen. Nach einer einjährigen Dienstzeit können sie zur Fortsetzung ihres Berufs, auf ihr Verlangen, beurlaubt werden. Nach den abgelaufenen drei Dienstjähren treten sie in die Landwehr des ersten Aufgebots, wo sie, nach Maaßgabe ihrer Fähigkeiten und Verhältnisse, die ersten Ansprüche auf die Offizierstellen haben sollen. [...]

Zit. nach: Huber, Dokumente zur deutschen Verfassungsgeschichte, Bd. 1, Stuttgart 1978, S. 53–56.

**42** **„The Plum-Pudding in Danger“ or „State Epicures taking un Petit Souper.“** Der britische Premierminister William Pitt und Napoleon teilen im Frieden von Amiens 1802 den Globus. Karikatur von James Gillray ca. 1809.

## 43 Verbündet im Hass

*Der Student und spätere Diplomat Varnhagen von Ense, berichtet über die Besetzung von Hamburg im August 1807 durch spanische Truppen.*

Wirklich ertrugen sie [die Spanier] mit größtem Anstand und vollkommener Fassung das tiefe Missgeschick, in welchem sie sich befangen fühlten, denn sie verhehlten es nicht, dass es ihnen eine Schmach sei, nach der Laune eines fremden Herrschaers, den sie hassten, wie sie seine Nation verachteten, so in der Welt umherzuziehen und ihre Unterwürfigkeit zur Schau zu tragen. […] Wirklich aber betrugen sich diese Fremden auch höchst musterhaft und ganz im Gegensatz der Franzosen. […] Größere Unordnungen fielen beinahe gar nicht vor, leidenschaftliche Aufwallungen wurden durch ein ehrendes Wort leicht in Güte beigelegt. Musik und Gesang waren in jedem Hause willkommenes Vergnügen. Wo nähere Verständigung eintrat, fand sogleich ein politisches Vertrauen Nahrung, man erkannte sich als gleichgesinnt und verbündet im Hasse gegen die Franzosen.

Zit. nach: E. Kleßmann (Hg.), Deutschland unter Napoleon in Augenzeugenberichten, Düsseldorf 1965, S. 268 ff.

## 44 Johann Gottlieb Fichte 1808 in seiner 14. Rede der „Reden an die deutsche Nation“ als Antwort auf die Auflösung der Heiligen Römischen Reiches deutscher Nation

Es hängt von euch ab, ob ihr das Ende sein wollt und die letzten eines nicht achtungswürdigen und bei der Nachwelt gewiss sogar über die Gebühr verachteten Geschlechtes, bei dessen Geschichte die Nachkommen, falls es nämlich in der Barbarei, die da beginnen wird, zu einer Geschichte kommen kann, sich freuen werden, wenn es mit ihnen zu Ende ist, und das Schicksal preisen werden, dass es gerecht sei. Oder ob ihr der Anfang sein wollt und der Entwicklungspunkt einer neuen, über alle eure Vorstellungen herrlichen Zeit und diejenigen, von denen an die Nachkommenschaft die Jahre ihres Heils zähle. Bedenket, dass ihr die letzten seit, in deren Gewalt diese große Veränderung steht. Ihr habt doch noch die Deutschen als Eins nennen hören, ihr habt ein sichtbares Zeichen ihrer Einheit, ein Reich und einen Reichsverband gesehen oder davon vernommen; unter euch haben noch von Zeit zu Zeit Stimmen sich hören lassen, die von dieser höhern Vaterlandsliebe begeistert waren. Was nach euch kommt, wird sich an andere Vorstellungen gewöhnen, es wird fremde Formen und einen andern Geschäfts- und Lebensgang annehmen; und wie lange wird es noch dauern, dass keiner mehr lebe, der Deutsche gesehen oder von ihnen gehört habe? […]

Ist in dem, was in diesen Reden dargelegt wurde, Wahrheit, so seid unter allen Völkern ihr es, in denen der Keim der menschlichen Verkommnung am entschiedensten liegt und denen der Vorschritt in der Entwicklung derselben aufgetragen ist. Gehet ihr in dieser eurer Wesenheit zugrunde, so gehet mit euch zugleich alle Hoffnung des gesamten Menschengeschlechts auf Rettung aus der Tiefe seiner Übel zugrunde. Hoffet nicht und tröstet euch nicht mit der aus der Luft gegriffenen, auf bloße Wiederholung der schon eingetretenen Fälle rechnenden Meinung, dass ein zweites Mal nach Untergang der alten Bildung eine neue auf den Trümmern der ersten aus einer halbbarbarischen Nation hervorgehen werde. In der alten Zeit war ein solches Volk mit allen Erfordernissen zu dieser Bestimmung ausgestattet vorhanden und war dem Volke der Bildung recht wohl bekannt und ist von ihnen beschrieben; und diese selbst, wenn sie den Fall ihres Unterganges zu setzen vermocht hätten, würden an diesem Volke das Mittel der Wiederherstellung haben entdecken können. Auch uns ist die gesamte Oberfläche der Erde recht wohl bekannt und alle die Völker, die auf derselben leben. Kennen wir denn nun ein solches dem Stammvolke der neuen Welt ähnliches Volk, von welchem die gleichen Erwartungen sich fassen ließen? Ich denke, jeder, der nur nicht bloß schwärmerisch meint und hofft, sondern gründlich untersuchend denkt, werde diese Frage mit Nein beantworten müssen. Es ist daher kein Ausweg: wenn ihr versinkt, so versinkt die ganze Menschheit mit, ohne Hoffnung einer einstigen Wiederherstellung.

Fichtes Reden an die deutsche Nation, eingel. v. Rudolf Eucken, Leipzig 1915, S. 253 f. und S. 267 f.

### **45** Heinrich von Kleist: Katechismus der Deutschen (1809)

*Von Deutschland überhaupt*

*Frage:* Sprich, Kind, wer bist du?

*Antwort:* Ich bin ein Deutscher.

*Frage:* Ein Deutscher? Du scherzest. Du bist in Meißen geboren, und das Land, dem Meißen angehört, heißt Sachsen!

*Antwort:* Ich bin in Meißen geboren und das Land, dem Meißen angehört, heißt Sachsen; aber mein Vaterland, das Land dem Sachsen angehört ist Deutschland, und dein Sohn mein Vater, ist ein Deutscher.

*Frage:* Du träumst! Ich kenne kein Land, dem Sachsen angehört es müßte denn das rheinische Bundesland sein. Wo find' ich es, dies Deutschland, von dem du sprichst, und wo liegt es?

*Antwort:* Hier, mein Vater. – Verwirre mich nicht.

*Frage:* Wo?

*Antwort:* Auf der Karte.

*Frage:* Ja, auf der Karte! – Diese Karte ist vom Jahr 1805. – Weißt du nicht, was geschehn ist, im Jahr 1805, da der Friede von Preßburg abgeschlossen war?

*Antwort:* Napoleon, der korsische Kaiser, hat es, nach dem Frieden, durch eine Gewalttat, zertrümmert.

*Frage:* Nun? Und gleichwohl wäre es noch vorhanden.

*Antwort:* Gewiß! – Was fragst du mich doch.

*Frage:* Seit wann?

*Antwort:* Seit Franz der Zweite der alte Kaiser der Deutsehen, wieder aufgestanden ist, um es herzustellen und der tapfre Feldherr, den er bestellte, das Volk aufgerufen hat, sich an die Heere, die er anführt, zur Befreiung des Landes, anzuschließen. [...]

*Von der Erziehung der Deutschen*

*Frage:* Was mag die Vorsehung wohl damit, mein Sohn, daß sie die Deutschen so grimmig durch Napoleon, den Korsen, aus ihrer Ruhe aufgeschreckt hat, bezweckt haben?

*Antwort:* Das weiß ich nicht.

*Frage:* Das weißt du nicht?

*Antwort:* Nein, mein Vater.

*Frage:* Ich auch nicht. Ich schieße nur mit meinem Urteil, ins Blaue hinein. Treffe ich so ist es gut; wo nicht so ist an dem Schuß nichts verloren. – Tadelst du dies Unternehmen?

*Antwort:* Keineswegs, mein Vater.

*Frage:* Vielleicht meinst du die Deutschen befanden sich schon, wie die Sachen stehn, auf dem Gipfel aller Tugend, des Heils und alles Ruhms?

*Antwort:* Keineswegs, mein Vater.

*Frage:* Oder waren wenigstens auf gutem Wege, ihn zu erreichen?

*Antwort:* Nein, mein Vater; das auch nicht.

*Frage:* Von welcher Unart habe ich dir zuweilen gesprochen?

*Antwort:* Von einer Unart?

*Frage:* Ja; die dem lebenden Geschlecht anklebt.

*Antwort:* Der Verstand der Deutschen, hast du mir gesagt, habe durch einige scharfsinnigen Lehrer einen Überreiz bekommen; sie reflektierten, wo sie empfinden oder handeln sollten, meinten, alles durch ihren Witz bewerkstelligen zu können, und gäben nichts mehr auf die alte, geheimnisvolle Kraft der Herzen.

*Frage:* Findest du nicht, daß die Unart, die du mir beschreibst zum Teil auch auf deinem Vater ruht indem er dich katechisiert?

*Antwort:* Ja, mein lieber Vater.

*Frage:* Woran hingen sie, mit unmäßiger und unedler Liebe?

*Antwort:* An Geld und Gut, trieben Handel und Wandel damit daß ihnen der Schweiß, ordentlich des Mitleidens würdig, von der Stirn triefte und meinten ein ruhiges, gemächliches und sorgenfreies Leben sei alles, was sich in der Welt erringen ließe.

*Frage:* Warum also mag das Elend wohl, das in der Zeit ist, über sie gekommen, ihre Hütten zerstört und ihre Felder verheert worden sein?

*Antwort:* Um ihnen diese Güter völlig verächtlich zu machen, und sie anzuregen, nach den höheren und höchsten, die Gott den Menschen beschert hat, hinanzustreben.

*Frage:* Und welches sind die höchsten Güter der Menschen?

*Antwort:* Gott, Vaterland, Kaiser, Freiheit, Liebe und Treue, Schönheit, Wissenschaft und Kunst.

Heinrich von Kleist. Sämtliche Werke und Briefe, Bd. 3, Frankfurt/M. 1990, S. 479 f., 485 ff.

**46** Heinrich von Kleist (1777–1811)

### 47 Brief des 22 Jahre alten Bühnendichters Theodor Körners an seinen Vater

*Körner kämpfte während der Befreiungskriege im Freikorps Lützow. Während dieser Zeit verfasste er etliche bei den Zeitgenossen überaus populäre Kriegslieder.*

Wien, 10. März 1813

Liebster Vater! ich schreibe dir diesmal in einer Angelegenheit, die, wie ich das feste Vertrauen zu Dir habe, Dich weder befremden noch erschrecken wird. Neulich gab ich Dir schon einen Wink über mein Vorhaben, das jetzt zur Reife gediehen ist.

Deutschland steht auf, der preußische Adler erweckt in allen treuen Herzen durch seine kühnen Flügelschläge die große Hoffnung einer deutschen, wenigstens norddeutschen Freiheit. Meine Kunst seufzt nach ihrem Vaterlande, – lass mich ihr würdiger Jünger sein! – Ja, liebster Vater, ich will Soldat werden, will das hier gewonnene glückliche und sorgenfreie Leben mit Freuden hinwerfen, um, sei's auch mit meinem Blute, mir ein Vaterland zu erkämpfen. Nenn's nicht Übermut, Leichtsinn, Wildheit!

Vor zwei Jahren hätte ich es so nennen lassen; jetzt, da ich weiß, welche Seligkeit in diesem Leben reifen kann, jetzt, da alle Sterne meines Glücks in schöner Milde auf mich niederleuchten, jetzt ist es, bei Gott, ein würdiges Gefühl, das mich treibt, jetzt ist es die mächtige Überzeugung, dass kein Opfer zu groß sei für das höchste menschliche Gut, für seines Volkes Freiheit. Vielleicht sagt Dein bestochenes väterliches Herz: Theodor ist zu größeren Zwecken da, er hätte auf einem anderen Felde Wichtigeres und Bedeutendes leisten können, er ist der Menschheit noch ein großes Pfund zu berechnen schuldig. Aber, Vater, meine Meinung ist die: zum Opfertode für die Freiheit und für die Ehre der Nation ist keiner zu gut, wohl aber sind viele zu schlecht dazu! Hat mir Gott wirklich etwas mehr als gewöhnlichen Geist eingehaucht, der unter Deiner Pflege denken lernte, wo ist der Augenblick, wo ich ihn nicht mehr geltend machen kann! Eine große Zeit will große Herzen, und ich fühl' die Kraft in mir, eine Klippe sein zu können in dieser Völkerbrandung, ich muss hinaus und dem Wogensturme die mutige Brust entgegendrücken.

Soll ich in feiger Begeisterung meinen fliegenden Brüdern meinen Jubel nachleiern? Soll ich Komödien schreiben auf dem Spotttheater, wenn ich den Mut und die Kraft mir zutraue, auf dem Theater des Ernstes mitzusprechen? Ich weiß, du wirst manche Unruhe erleiden müssen, die Mutter wird weinen! Gott tröste sie. Ich kann's Euch nicht ersparen. Des Glückes Schoßkind rühmt' ich mich bis jetzt; es wird mich jetzo nicht verlassen. Dass ich mein Leben wage, das gilt nicht viel; dass aber dies Leben mit allen Blütenkränzen der Liebe, der Freundschaft, der Freude geschmückt ist, und dass ich es doch wage, dass ich die süße Empfindung hinwerfe, die nur in der Überzeugung lebte, Euch keine Unruhe, keine Angst zu bereiten, das ist ein Opfer, dem nur ein solcher Preis entgegengestellt werden darf. Sonnabend oder Montag reise ich von hier ab, wahrscheinlich in freundlicher Gesellschaft; vielleicht schickt mich auch [Wilhelm von] Humboldt als Kurier. In Breslau, als dem Sammelplatze, treffe ich zu den freien Söhnen Preußens, die in schöner Begeisterung sich zu den Fahnen des Königs gesammelt haben. Ob zu Fuß oder zu Pferd, darüber bin ich noch nicht entschieden; das kommt einzig auf die Summe Geldes an, die ich zusammenbringe. Toni [Körners Verlobte] hat mir auch bei dieser Gelegenheit ihre große, edle Seele bewiesen. Sie weint wohl, aber der geendigte Feldzug wird ihre Tränen schon trocknen. – Die Mutter soll mir ihren Schmerz vergeben; wer mich liebt, soll mich nicht verkennen, und Du wirst mich Deiner würdig finden.

Dein Theodor.

Theodor Körner, Sämtliche Werke, Bd. 3., S. 287 ff.

### 48 „Die Freiheitsliebe ist bei den Deutschen nicht entwickelt"

*Die französische Schriftstellerin Madame de Staël (1766–1817) über „Sitten und Charakter der Deutschen" (1814):*

Die Nation ist von Natur literarisch und philosophisch; nur dass der Unterschied der Klassen, welcher in Deutschland hervorstechender als irgendwo ist, weil die Gesellschaft hierin die Schattierungen nicht mildert, in mancher Hinsicht dem, was man eigentlich unter Geist (Esprit) versteht, in den Weg tritt. Der Adel hat zu wenig Ideen, die Gelehrten haben zu wenig Kenntnis der Geschäfte. Der Geist ist ein Gemisch aus der Kenntnis der Dinge und der Menschen. [...] Was die Deutschen charakterisiert, ist mehr die Einbildungskraft als der Geist. Jean Paul Richter, einer ihrer ausgezeichneten Schriftsteller, sagt irgendwo: „Das Gebiet des Meeres gehört den Engländern; das Gebiet der Erde den Franzosen; das Gebiet der Luft den Deutschen." [...]

Die Freiheitsliebe ist bei den Deutschen nicht entwickelt; sie haben weder durch den Genuss noch durch Entbehrung den Wert kennengelernt, den man in diesem höchsten Gute finden kann. [...] Die Unabhängigkeit selbst, die man beinahe in jeder Hinsicht in Deutschland genoss, machte die Deutschen gleichgültig gegen die Freiheit; die Unabhängigkeit ist ein Gut, die Freiheit eine Bürgschaft; und eben weil niemand in Deutschland, weder in seinen Rechten noch in seinen Genüssen gekränkt wurde, fühlte man nicht das Bedürfnis einer Ordnung der Dinge, durch die dieses Gut behauptet würde. [...] Man glaubte, keines konstitutionellen Bollwerkes zu bedürfen, weil man keinen Eingriff vor sich sah. Es muss wundernehmen, dass das Feudalrecht beinahe ohne alle Abänderung unter so aufgeklärten Menschen fortgedauert hat; da aber in der Ausübung dieser an sich mangelhaften Gesetze nie Ungerechtigkeiten vorfielen, so tröstete die Gleichheit in der Anwendung über die Ungleichheit in dem Grundsatz. [...] Politische Institutionen können allein den Charakter einer Nation begründen. Nun stand die Natur der Regierung in Deutschland zur philosophischen Aufklärung der Deutschen beinahe im Gegensatz; daher kommt es, dass sie die größte Kühnheit im Denken mit dem folgsamsten Charakter verbinden. Der Vorzug, den der Soldatenstand hat, und die Verschiedenheit der Stände überhaupt haben sie in allen Verhältnissen des geselligen Lebens an die genaueste Unterwürfigkeit gewöhnt; der Gehorsam ist bei ihnen nicht Knechtschaft, er ist Regelmäßigkeit; sie sind in Erfüllung der an sie ergehenden Befehle ebenso pünktlich, als ob jeder Befehl eine Pflicht wäre.

Anne Germaine de Staël, Über Deutschland. Fassung der deutschen Erstausgabe von 1814, Frankfurt 1985, S. 28 ff.

**49** „The Valley of the Shadow of Death", zeitgenössische Karikatur.

**Arbeitsvorschläge**

1. Charakterisieren Sie die Napoleonische Herrschaft in Frankreich. Diskutieren Sie die Aussage, Napoleon sei der „Vollender der Revolution" gewesen.
2. Fassen Sie die Bestimmungen des Friedens von Lunéville zusammen. Welche Fürsten waren von den Gebietsabtretungen betroffen? (M 4 und M 23)
3. Erläutern Sie die Begriffe ▶ „Säkularisierung" und ▶ „Mediatisierung" und führen Sie für beide Konzepte Beispiele aus dem Reichsdeputationshauptschluss an (M 24).
4. Interpretieren Sie den Cartoon M 26 am Beispiel der Neuordnung der deutschen Staaten.
5. Säkularisierte Staaten entsprachen dem zeitgenössischen Ideal eines aufgeklärten Staatswesens. Überlegen Sie, mit welchen Schwierigkeiten die vergrößerten Staaten durch die Eingliederung zahlreicher neuer Territorien, die mitunter alle unterschiedliche Rechts- und Verwaltungsstrukturen besaßen oder ggf. mehrheitlich einer anderen Konfession zugehörig waren, konfrontiert wurden.
6. Recherchieren Sie am Beispiel Ihrer Heimatregion, inwiefern die ▶ Säkularisierung soziale und wirtschaftliche Folgen mit sich brachte. Berücksichtigen Sie dabei, dass die Kirche bislang einen wesentlichen Bestandteil des Schulwesens, der karitativen Betreuung sowie in vielen Regionen einen zentralen Wirtschaftsfaktor dargestellt hatte.
7. Arbeiten Sie die Mängel der politischen Kultur heraus, die Madame de Staël den Deutschen nachsagt (M 48). Diskutieren Sie anschließend Ihre Unterscheidung zwischen Freiheit und Unabhängigkeit.
8. Übertragen Sie die Bestimmungen der drei Edikte zur Juden-Emanzipation (M 38) in ein modernes Deutsch und vergleichen Sie sie anschließend miteinander. Kann von einer vollständigen Gleichstellung der Juden gesprochen werden?
9. Welche Rolle wies Napoleon der Religion in seinem Staat zu?
10. Welche Ziele suchte Stein mit dem Edikt von Oktober 1807 hinsichtlich der Situation der Bauern zu erreichen? (M 33)
11. „Die Bauernbefreiung und die Einführung der Gewerbefreiheit stellten wichtige Voraussetzungen für die industrielle Entwicklung Preußens im 19. Jahrhundert dar." Nehmen Sie Stellung zu dieser These. Inwieweit haben die beiden Edikte zu einer Begünstigung des Industrialisierungsprozesses beigetragen? (M 37 und M 33)
12. Auf welche Werte gründet sich die „Deutsche Größe" in dem Text von Kleist? (M 45)
13. Verfassen Sie ein mögliches Streitgespräch zwischen einem Bewunderer und einem Gegner Napoleons etwa zur Zeit des ▶ Erfurter Kongresses 1808.

2

## Zeittafel

| | |
|---|---|
| **1769** | 15. August: Geburt von Napoleone Buonaparte in Ajaccio (Korsika) |
| **1779–1785** | Napoleon besucht als Stipendiat die Militärschulen von Brienne und Paris. |
| **1792** | April: Mehrere deutsche Fürstenhäuser unter Führung Österreichs schließen sich zu einem Bündnis gegen das revolutionäre Frankreich zusammen. Der 1. Koalitionskrieg (1792–1797) beginnt. Napoleon, bislang Leutnant der Artillerie, wird Hauptmann. |
| **1793** | Napoleon ist im Oktober an der Eroberung Toulons beteiligt und wird wenig später zum Brigadegeneral befördert. |
| **1794** | 30. Juli: Als Anhänger Robespierres verdächtigt, wird Napoleon zeitweise verhaftet. |
| **1795** | Oktober: Napoleon wird Garnisonskommandant von Paris und schlägt den Royalistenaufstand nieder. |
| **1796** | März: Napoleon erhält der Oberbefehl über die Italienarmee.<br>Er heiratet Joséphine Beauharnais. |
| **1797** | Napoleon erzwingt infolge mehrerer Siege in Oberitalien den Frieden von Campo Formio. Gründung der Cisalpinischen Republik. Allein Großbritannien führt den Krieg fort. |
| **1798** | Napoleon erhält den Oberbefehl über den Ägypten-Feldzug. Die Expedition führt zu einer neuen Koalition europäischer Mächte gegen Frankreich (2. Koalitionskrieg 1799–1802). Die französische Flotte wird bei Aboukir vernichtet. Der Ägypten-Feldzug ist damit gescheitert. Weitere Rückschläge der französischen Armee in Italien, Süddeutschland und der Schweiz. |
| **1799** | Napoleon kehrt nach Frankreich zurück. Es kommt zum Staatsstreich und zum Sturz des ▶ Direktoriums. Eine Übergangsregierung mit weitgehenden Vollmachten wird gebildet. Napoleon wird Erster Konsul. |
| **1800** | Napoleon reorganisiert die französischen Streitkräfte und setzt nach mehreren Siegen gegen die Koalitionstruppen in Süddeutschland und Italien den Frieden von Lunéville (9. Februar 1801) durch.<br>Erste Reformen im Inneren stabilisieren Frankreich allmählich wieder. |
| **1801** | 15. Juli: Unterzeichnung des Konkordats mit dem Vatikan. |
| **1802** | 25. März: Friede von Amiens mit Großbritannien.<br>3. August: Napoleon lässt sich zum Konsul auf Lebenszeit ernennen |
| **1803** | Der Reichsdeputationshauptschluss verabschiedet in Regensburg einen Entschädigungsplan für die deutschen Fürsten, die ihre linksrheinischen Gebiete an Frankreich abtreten mussten. Umfassende ▶ Säkularisierung und ▶ Mediatisierung. Im Mai bricht erneut der Krieg zwischen Frankreich und Großbritannien aus. |
| **1804** | Der Code Civil (Code Napoleon) wird erstellt. Napoleon krönt sich zum „Kaiser der Franzosen". |
| **1805** | Napoleon lässt eine Invasion auf die britischen Inseln vorbereiten. Die Bildung einer 3. antifranzösischen Koalition und der britische Seesieg bei Trafalgar verhindern diese aber (3. Koalitionskrieg 1805). Allerdings erzwingt Napoleon nach dem Sieg in der „Drei-Kaiser-Schlacht" bei Austerlitz den Frieden von Pressburg |
| **1806** | 16. Juli: Gründung des Rheinbundes aus zunächst 16 deutschen Staaten. Wenige Tage später legte Franz II. die Kaiserkrone nieder. Damit löste sich das Heilige Römische Reich deutscher Nation auf.<br>4. Koalitionskrieg (1806–1809)<br>14. Oktober: Napoleons Sieg bei Jena und Auerstedt. Besetzung Norddeutschlands<br>21. November: Verhängung der Kontinentalsperre |
| **1807** | 9. Juli: Friede von Tilsit mit Preußen |

| | |
|---|---|
| **1808** | Französische Truppen besetzen Rom und Madrid. Beginn des spanischen Guerillakrieges. |
| **1809** | Aufstände in Tirol Mittel- und Norddeutschland; 5. Koalitionskrieg;<br>Friede von Wien mit Österreich |
| **1810** | 2. April: Napoleon heiratet Marie Louise von Österreich. Annexion von Holland, Norddeutschland und Erfurt. |
| **1812** | Russlandfeldzug und Beginn des 6. Koalitionskrieges (1812–1814) |
| **1813** | 16.–19. Oktober: „Völkerschlacht bei Leipzig". Napoleon muss Deutschland räumen.<br>Auflösung des Rheinbundes. |
| **1814** | 6. April: Abdankung Napoleons; Exil auf Elba |
| **1815** | 1. März: Landung Napoleons in Frankreich.<br>18. Juni: Niederlage bei Waterloo.<br>22. Juni: neuerliche Abdankung; 17. Oktober: Verbannung Napoleons auf St. Helena |
| **1821** | 5. Mai: Tod Napoleons auf St. Helena |

## Literaturtipps

Albert Soboul, Die Große Französische Revolution, Frankfurt am Main 1985.
Walter Markov/Albert Soboul, Die Große Revolution der Franzosen, Köln 1989.
Walter Markov, Revolution im Zeugenstand. Frankreich 1789–1799, 2 Bände, Frankfurt am Main 1987.
François Furet/Denis Richet, Die Französische Revolution, Frankfurt am Main 1987.
Georges Lefebvre, 1789 – Das Jahr der Revolution, München 1989.
Rolf Reichardt (Hg.), Die Französische Revolution, Freiburg/Würzburg 1988.
Jacques Godechot, La prise de la Bastille. 14 juillet 1789, Paris 1965.
Jacques Godechot, Les institutions de la France sous la Révolution et l'Empire, Paris 1968.
Yann Fauchois, Chronologie politique de la Révolution 1789–1799, Alleur 1989.
Ernest Labrousse (Hg.), Histoire économique et sociale de la France, Paris 1970.
Gerd van den Heuvel, Grundprobleme der französischen Bauernschaft 1730–1794, München/Wien 1982.
Susanne Petersen, Die große Revolution und die kleinen Leute. Französischer Alltag 1789/95, Köln 1988.
Susanne Petersen, Marktweiber und Amazonen – Frauen in der Französischen Revolution, Köln 1987.
Johannes Schmitt (Hg.), Französische Revolution an der Saar. Quellen und Materialien, Saarbrücken 1989.
Landesarchiv Saarbrücken (Hg.), Die Französische Revolution und die Saar. Ausstellung des Landesarchivs Saarbrücken, St. Ingbert 1989.
Bundesarchiv und Stadt Mainz, Deutsche Jakobiner. Mainzer Republik und Cisrhenanen 1792–1798, 3 Bände zur Ausstellung, Mainz 1982.
Emmanuel Joseph Sieyes, Was ist der Dritte Stand?; hg. v. Otto Dann, Essen 1988.
Emmanuel Joseph Sieyes, Politische Schriften 1788–1790, München/Wien 1981.
Günther Franz, Staatsverfassungen, München 1950.

**Archives parlementaires de 1787 à 1860.**
Recueil complet des débats législatifs et politiques des Chambres françaises. Première série, 1787 à 1799, t. III, impr. Par ordre du Sénat et de la Chambre des députés; sous la dir. de MM. Jules Mavidal et Emile Laurent, Paris 1897. –
Digitalisierte Faksimile-Ausgabe der Bibliothèque Nationale de France auf: www.gallica.fr.

**Verwendete Dokumente:**
Pierre-François Boncerf, Les Inconvèniens des Droits féodaux ou Réponse d' un Avocat au Parlament de Paris [...]; Ouvrage brulé en 1776 [...]; Trente-treizième Edition, 1791; Datei: N0042409_PDF_104.pdf.
Beschwerdeheft von Metz; Datei: N0049518_PDF_803.pdf.
Barnave im Auftrag des Kolonialkomitees vor der Nationalversammlung am 24.09.1791; Datei: N0049546_PDF_778.pdf.

**Regionalgeschichte der napoleonischen Ära:**
Helmut Berding, Napoleonische Herrschafts- und Gesellschaftspolitik im Königreich Westfalen 1807 – 1813, Göttingen 1973.
Karl Otto Bohlmann, Die Napoleonische Kontinentalsperre und ihre Wirkungen in Wismar, Rostock 1933.
Burkhard Dietz (Hg.), Das Großherzogtum Berg als napoleonischer Modellstaat, Köln 1995.
Elisabeth Fehrenbach, Traditionelle Gesellschaft und revolutionäres Recht. Die Einführung des Code Napoléon in den Rheinbundstaaten, Göttingen 1974.

**Zur jüdischen Emanzipation:**
Silke Lindemann, Jüdisches Leben in Celle. Vom ausgehenden 17. Jahrhundert bis zur Emanzipationsgesetzgebung 1848, Bielefeld 2004.

**Weiterführendes Material vom Ernst Klett Schulbuchverlag für die Sek. II:**
Friedensmodelle und Friedensverträge. 1648–1815–1919, Leipzig 2006 (3-12-430042-4).
Die Revolutionen Europas 1789–1989. (Geschichte und Geschehen exempla), Leipzig 2005 (3-12-415123-2).
Geschichte und Geschehen Neuzeit, Arbeitsblätter auf CD-ROM, (3-12-430040-8).

## Internettipps

historicum.net – das Fachportal der Universität Erlangen und seine Seite zur Französischen Revolution:
http://www.revolution.historicum.net/index.html

200 Jahre Code civil im Rheinland. Eine Ausstellung der Landesarchivverwaltung Rheinland-Pfalz in Zusammenarbeit mit dem Landesarchiv Saarbrücken und den Oberlandesgerichten Koblenz und Zweibrücken:
http://www.landeshauptarchiv.de/ausstellung/codecivil/

Saarländisches Landesinsitut für Pädagogik: Materialien zu den saarländischen Cahiers de doléances
http://www.lpm.uni-sb.de/geschichte/material.htm

**Französische Webseiten zur Revolution:**
http://revolution.1789.free.fr/

Analysen des Bildes von David zum Ballhausschwur (Le serment du Jeu de Paume):
http://perso.wanadoo.fr/sylvain.weisse/serment/sermefe.htm und
http://perso.wanadoo.fr/sylvain.weisse/revolution2/serment/1789p.htm
http://histgeo.free.fr/quatrieme/revofran/sjp/sjp.html

Geschichte und künstlerische Darstellung 1789 – 1939: L'histoire par l'image: http://www.histoire-image.org

**Internettipp zu Mecklenburg:**
Landesbibliothek Mecklenburg-Vorpommern; Jahrbücher des Vereins für Mecklenburgische Geschichte und Altertumskunde online: www.lbmv.de/mjb/startseite-mjb.html

**Filmempfehlung:**
Andrzej Wajda: Danton, 1982.
Informationen dazu u. a. auf der Homepage des Regisseurs: http://www.wajda.pl/en/filmy/film25.html (in englischer Sprache)

## Glossar

**Augustbeschlüsse,** Die am 4. August 1789 von der französischen Nationalversammlung beschlossene Abschaffung der Vorrechte von Adel, Klerus, Städten und Provinzen. Dazu zählte die Abschaffung der Feudalherrschaft, der Leibeigenschaft, der Steuerprivilegien von Adel und Klerus und die zukünftige Durchsetzung der Gleichheit von Gerichten und des kostenlosen Zugangs zur Justiz.

**Direktorium,** Frz. Le Directoire. Das Direktorium ersetzte nach Ende des Terreur die Herrschaft des Nationalkonvents. Die neue Verfassung 1795 schuf ein Parlament mit zwei Kammern („Rat der Fünfhundert" und „Rat der Ältesten") sowie als Exekutivorgan ein fünfköpfiges Direktorium. Das letzte Direktorium endete durch den Militärputsch Napoleons im November 1799 und der anschließend verabschiedeten Konsulatsverfassung.

**Erfurter Fürstenkongress,** Vor dem Hintergrund des sich ausbreitenden Aufstandes in Spanien und der Kriegsvorbereitungen in Österreich, war Napoleon bestrebt, sich die Unterstützung des russischen Zaren Alexanders zu versichern. Er lud den Zaren zu einem Kongress nach Erfurt (27. September bis 8. Oktober 1808) ein, an dem auch die meisten Fürsten der Rheinbundstaaten teilnahmen, womit Napoleon seine Macht demonstrieren wollte. Zar Alexander I. war jedoch nicht bereit, konkrete Vereinbarungen mit Napoleon einzugehen.

**Erklärung von Pillnitz,** Ergebnis einer Zusammenkunft zwischen dem deutschen Kaiser Leopold II., dem preußischen König Friedrich Wilhelm II. und dem Grafen von Artois (späterer frz. König Karl X.) vom 25. bis 27. August 1791 in Pillnitz bei Dresden. Auf Drängen französischer Emigranten wurde dem König von Frankreich Unterstützung zur Beseitigung der Revolution zugesagt. Die französische Revolutionsregierung fasste dies als Kriegserklärung auf.

**Girondisten,** Gemäßigte demokratische Gruppe im Jakobinerclub. Ein großer Teil dieser Fraktion stammte aus dem Département Gironde (rund um Bordeaux). Sie dominierten zeitweise den Nationalkonvent und den Exekutivrat. Im Zuge des ausbrechenden Bürgerkrieges gerieten sie jedoch in zunehmenden Konflikt zu den radikalen Jakobinern um Robespierre. Im Oktober 1793 wurden die führenden Girondisten in Schauprozessen vom Revolutionstribunal zum Tode verurteilt.

**Jakobiner,** Mitglieder des wichtigsten, wenn auch heterogenen politischen Clubs, der sich während des ersten Koalitionskrieges und des ausbrechenden Bürgerkrieges zunehmend radikalisierte. Unter der Führung von Robespierre errichteten sie ab 1793 ein Schreckensregime, Terrorherrschaft (frz. Terreur). Nach dem Sturz und Hinrichtung von Robespierre im Juli 1794 löste sich der Jakobinerclub allerdings wenig später auf.
Als Jakobiner wurden jedoch auch die Anhänger der französischen Revolution in anderen Staaten bezeichnet.

**Konkordat,** Lat. „Übereinkunft". Ein Vertrag zwischen einem Staat und dem Heiligen Stuhl (Vatikan) über Fragen wie die Besetzung kirchlicher Ämter, die Stellung des Klerus im staatlichen Recht, finanzielle Beziehungen, Schul- und Eherecht oder Militärseelsorge.

**Mediatisierung,** „Mittelbarmachung" bezeichnet die Aufhebung der reichsunmittelbaren Stellung weltlicher Reichsstände im Heiligen Römischen Reich nach 1803, die daraufhin territorial in anderen Reichsständen aufgingen

**Säkularisation,** Überführung geistlicher Hoheitsrechte und/oder kirchlichen Eigentums in weltliche Hände. Aufhebung der reichsunmittelbaren Stellung geistlicher Reichsstände.

**Schweizer Garde,** Ähnlich wie auch andere Herrscher seiner Zeit, unterhielt auch der französische König eine Gardeeinheit aus ausländischen Söldnern, die Einheit „Cent-Suisses". Da solche Söldner oft aus der wirtschaftlich schwachen Schweiz kamen, setzte sich die allgemeine Bezeichnung „Schweizer" Garde durch.

**taille,** Frz. tailler = teilen, schneiden. Eine auf bestimmte Bevölkerungsgruppen ausgerichtete direkte Steuer in Frankreich des Ancient Regime.

**Wohlfahrtsausschuss,** 1793 eingeführtes Exekutivorgan des Nationalkonvents. Zur Zeit der jakobinischen Schreckensherrschaft erhielt er diktatorische Vollmachten. Nach dem Sturz der ▶ Jakobiner wurde er daraufhin 1795 wieder aufgelöst.